CONFÉRENCES

DE

NOTRE-DAME DE PARIS

AVENT 1872

PAR LE R. P. MATIGNON,

DE LA COMPAGNIE DE JÉSUS

JÉSUS-CHRIST ET LA FRANCE

Première Conférence

JÉSUS-CHRIST

SA SITUATION DANS LE MONDE ACTUEL

PARIS

A. JOUBY ET ROGER, ÉDITEURS

7, rue des Grands-Augustins, 7

Droits de traduction et de reproduction réservés.

CONFÉRENCES DE NOTRE-DAME

PREMIÈRE CONFÉRENCE

JÉSUS-CHRIST
SA SITUATION DANS LE MONDE ACTUEL

Monseigneur,

Messieurs,

En abordant pour la première fois ce ministère, comment me défendre d'une profonde émotion? Ici tant de grandes ombres m'environnent, tant de souvenirs contemporains et tout récents m'assiégent! Ce temple séculaire, que de spectacles n'a-t-il pas vus? Que de choses ils nous racontent dans sa muette éloquence! Cette chaire, de quels inimitables accents n'a-t-elle point retenti, et comment ma faible voix pourrait-elle les faire revivre? Vous, Messieurs, qui vous groupez autour d'elle pour obéir à de respectables traditions, vous les avez entendus ces princes de la parole; l'écho de leurs discours frémit encore dans vos oreilles et ressuscite avec lui d'ineffables tressaillements. Arrivés à

une heure ingrate où le vent était à la distraction, où l'opinion préoccupée, quand elle ne se montrait pas hostile,
refusait d'appuyer l'enseignement chrétien, purent-ils bien
toujours vous le présenter de front comme ils l'avaient fait
tout d'abord? La voie était embarrassée; pionniers vigou-
reux, il commencèrent par se frayer un chemin en écartant
les obstacles. Que d'efforts gigantesques pour déblayer un
terrain hérissé de préventions, pour se creuser une route
dans le roc difficile à entamer de superbes résistances! Le
christianisme passait pour antisocial; ils révélèrent ses harmonies avec l'ordre public; on le disait opposé au progrès,
ils firent voir qu'il en est la base et la condition nécessaire.
Société domestique et société civile, science et littérature,
économie politique et beaux arts furent interrogés tour à
tour et durent rendre à la vérité un solennel témoignage.

Lorsqu'au terme de longs préliminaires, le plus puissant
de ces orateurs se vit un jour en face de cette figure adorée
qu'il poursuivait à travers ces détours, avec quels trans-
ports il la salua! Avec quel saint enthousiasme il eût voulu
se fixer sur ce seuil béni, et ne plus détacher ses lèvres ni
ses embrassements des pieds de son maître! Le moment
n'était point encore venu. Henri Lacordaire rentrait dans
son silence; et ceux qui lui succédèrent, ne trouvant pas les
esprits assez préparés pour construire le temple, continuè-
rent le plus souvent à en bâtir les contre-forts ou à élever
alentour de majestueux portiques.

Mais aujourd'hui, Messieurs, après tous nos malheurs,
après les leçons providentielles qui nous ont été données
et que, grâce à Dieu, vous avez comprises, notre prédication pourrait-elle vous retenir encore dans ces parvis extérieurs? Et l'heure n'a-t-elle pas sonné, de mettre la main
au grand édifice? Une parole éloquente, qui vous est sympathique, l'a déjà montré, ce n'est plus le temps d'envisager
le christianisme seulement par le dehors; ce que vous nous

demandez, c'est de vous introduire au foyer même de sa vie. Ou plutôt, c'est d'aborder nettement la question que les circonstances actuelles posent d'elles-mêmes, d'oser énoncer ici tout haut ce que chacun de vous se dit tout bas, ce que les événements crieraient assez fort, quand même nous n'interpréterions pas leur langage. Cette société française acceptera-t-elle, oui ou non, Jésus-Christ? Voilà le problème de l'heure présente; problème dont la solution renferme pour nous la vie ou la mort, et que nous voudrions bien, s'il est possible, vous aider à résoudre, en mettant en lumière quelques-unes de ses données.

Monseigneur,

C'est dans cette pensée d'apostolat que vous avez voulu rétablir ces conférences de l'Avent, interrompues pendant quelques années. Depuis que vous êtes assis sur ce grand siége de Paris, si souvent, si récemment encore empourpré du sang des martyrs, votre zèle pastoral ne se donne point de repos; il fait appel à tous les concours, il met en œuvre tous les moyens pour rendre aux multitudes la vie chrétienne qui leur manque. Puissé-je ne point trahir votre confiance, et ne pas rester trop au-dessous de l'attente générale de cet auditoire!

L'Apôtre nous dit : Le Christ était hier, il est aujourd'hui, il sera pendant tous les siècles : *Christus heri et hodie, ipse et in sæcula* (1). Ce qu'il était hier, l'histoire le proclame : puissant, respecté, adoré chez tous les peuples civilisés du monde. Ce qu'il sera demain, c'est-à-dire dans les siècles futurs, l'Écriture nous l'apprend : chanté, glorifié par les heureux habitants d'une cité meilleure et plus durable. Mais aujourd'hui, Messieurs, qu'est-il? Quelle est sa situa-

____
(1) Heb. xiii, 8.

tion au milieu de nous? Dans cet espace du temps auquel nous appartenons, et que l'Apôtre appelle le jour actuel, *donec hodie cognominatur* (1), quelle est la place que Jésus-Christ occupe?

Remarquez, je vous prie, qu'il ne s'agit point ici d'un de ces personnages du passé autour desquels se fait encore un certain bruit, comme si la renommée leur prolongeait une existence que la nature a depuis lontemps terminée. Peu de mémoires ont le don de passionner les hommes à distance. Les noms les plus retentissants laissent les multitudes froides, alors même que l'éclat dont ils sont entourés les étonne. Il en est un, au contraire, qu'on pourrait croire déjà vieilli, mais qui garde le privilége de susciter partout, soit des animosités ardentes, soit d'incomparables tendresses; un nom auquel s'attache ou le blasphème ou l'amour; qui traverse le monde, béni par les uns, rejeté, maudit par les autres, sans permettre à personne de se renfermer long-temps dans l'indifférence.

Et derrière ce nom se cache une force vive, une influence sentie, une action qu'il est impossible de nier, parce qu'elle se produit à ciel ouvert; que dis-je, Messieurs, la force la plus invincible, l'action la plus considérable de toutes celles qui travaillent le monde; amis ou ennemis, l'humanité se voit partagée vis-à-vis d'elle comme en deux camps, et la guerre de ces partis opposés se retrouve plus ou moins au fond de toutes les autres. A vrai dire, c'est la seule cause qui soit encore capable d'enflammer les hommes blasés de notre siècle et de les tirer de la torpeur où ils s'endorment. Vous le voyez donc, Messieurs, nous ne parlons pas d'un mort; nous ne nous battons pas, comme autrefois, pour la possession d'un tombeau. Il s'agit, au contraire, d'une per-sonnalité toujours vivante, qui s'incarne dans les faits de

____

(1) Heb. III, 13.

ce temps, qui imprime son effigie à nos idées et à nos croyances. Vous aurez beau proclamer sa ruine, boire, comme quelques-uns, au fait accompli de sa déchéance; après toutes les chutes que vous aviez prédites, elle se relève plus forte; après toutes les funérailles que vous avez célébrées, elle reparaît plus entière et plus invulnérable.

Ne dites pas non plus que mon Christ se cache; il est visible à tous les regards; toujours nié, sans doute; mais aussi toujours connu de ceux-là mêmes qui feignent de l'ignorer; sans cesse combattu, je le sais; mais aussi constamment triomphant jusque dans ses apparentes défaites. C'est lui, non pas un Christ d'hier, *Christus heri*, c'est le Christ d'aujourd'hui : *Christus hodie*, qui doit nous occuper ici; c'est son existence contemporaine que j'examinerai avec vous; et, cela, à la lueur de faits dont la clarté me paraît éblouissante. Dessinons tout de suite la situation, et dans le duel formidable engagé sous nos yeux, disons quels sont de part et d'autre les principaux acteurs.

Avant tout, je tiens à faire une déclaration. Ne cherchez, Messieurs, dans mon langage, ni politique, ni personnalités; cette chaire ne les connaît pas. Erigée pour défendre les principes, elle plane, comme la religion elle-même, au-dessus des individualités, au-dessus des partis, sans accepter aucune solidarité parmi les opinions qui vous divisent. Ne sachant autre chose que le Christ, elle doit signaler avec franchise les forces qui entrent en lutte, pour lui ou contre lui; dire quelles sont les haines qu'il soulève et quelles sont les sympathies qu'il rencontre.

I

Jésus-Christ, Messieurs, a aujourd'hui deux sortes d'adversaires : les hommes de théorie et les hommes d'action ; ceux qui se confinent ou croient se confiner dans les régions de la pensée ; et ceux qui sont prêts à descendre dans la lice, pour ne pas dire dans la rue, levant le drapeau de la révolte moins encore contre l'ordre social que contre la vérité religieuse.

S'il est vrai que les individus sont souvent malheureux sans l'avoir mérité, une nation, vous le savez, n'a guère que le sort qu'elle s'est préparé à elle-même. Est-elle blessée dans son honneur, dans l'intégrité de sa vie, ce serait trop peu pour elle de faire son *mea culpa* de votes imprudents ; ses gouvernants, quels qu'aient pu être leurs torts, ne sont ni les seuls, ni peut-être les grands coupables ; le mal est plus profond, plus étendu, je dirai plus radical, plus originel. En ce moment, vous vous étonnez de recueillir des fruits amers ; mais, dites-moi, qu'avez-vous semé depuis soixante ans, dans ce fertile jardin des esprits qui s'appelle la France ?

On se souvient de cette école philosophique, reléguée dans l'ombre aujourd'hui, mais que presque tous vous avez connue pleine d'éclat, de sève et de vie ? Son fondateur unissait une rare éloquence à une sérieuse érudition (1). Dis-

---

(1) Nous devons acte à M. Cousin des déclarations qu'il a faites dans les dernières années de sa vie. « C'est dans le triomphe et la propagation du Christianisme, écrivait-il dès 1855, que je place toutes mes espérances pour l'avenir de l'humanité » (*Lettre à S. S. Pie IX*, publiée par M. le comte de Falloux. *Correspondant* 25 juin 1872.)

séquer les systèmes anciens et modernes, ausculter les philosophies d'un autre âge et analyser les maladies dont elles avaient dû mourir : telle était l'occupation habituelle de cette école et son principal mérite ; l'histoire des idées lui convenait mieux que l'appréciation des idées elles-mêmes ; peu inventive de son chef, elle suppléait à sa stérilité propre en s'assimilant des travaux étrangers ; toutefois ce n'était point une doctrine toute faite qu'elle recevait de la main d'un maître ; abeille industrieuse, on la voyait voler de fleur en fleur pour composer un suc nouveau où se retrouverait, disait-on, le parfum de toutes les sectes et la substance de toutes les philosophies. C'est avec cela, Messieurs, qu'elle prétendait pouvoir se passer du concours de la religion chrétienne.

Ses adeptes se proclamaient bien haut *spiritualistes*. Ils ne repoussaient ni l'idée de Dieu, ni la notion de l'âme immatérielle, ni la vérité d'une religion à la fois rationnelle et instinctive. Mais un fantôme leur faisait peur, ils reculaient à son approche, comme s'ils eussent été saisis d'une terreur mystérieuse. Ce fantôme, Messieurs, c'était le surnaturel. Partout où ils en croyaient apercevoir la figure, vous eussiez vu ces hommes si résolus s'excuser et disparaître, comme s'ils avaient craint d'avoir aucun commerce avec lui. C'est vous dire que le Christ n'était point leur Dieu. Polis à son égard, ils le saluaient en passant, lui adressaient parfois un mot plein de courtoisie ou même d'admiration. Grand homme, grand philosophe, moraliste éminent, bienfaiteur de l'humanité : Jésus pour eux avait toutes ces qualités, méritait tous ces titres. Un seul lui était refusé ; ils ne le reconnaissaient point pour leur Sauveur, ils ne l'adoraient point comme leur maître.

Tel fut l'enseignement qui retentit, de longues années, dans les chaires de Paris, et dont l'écho se prolongeait trop fidèlement jusque dans les écoles de nos moindres villes. On était alors aux plus beaux jours du monopole; et dans l'absence de toute liberté, aucune concurrence ne pouvait essayer de naître. La jeunesse française tout entière s'abreuvait aux seules sources dont l'accès lui fût permis; elle buvait ce fade breuvage de la philosophie *séparée*, qui devait, pensait-on, satisfaire à tous ses besoins. Hélas! il n'alluma en elle qu'une soif de scepticisme à laquelle les négations les plus radicales n'allaient bientôt plus suffire.

C'est alors, Messieurs, que commencent à rentrer en scène ces docteurs du matérialisme qui avaient paru un instant écartés. Bien des brouillards, formés d'abord au-delà du Rhin, avaient été amenés de là et condensés sur nos têtes par le vent de l'éclectisme. Du milieu de ces vapeurs, on entendait gronder sourdement un orage d'impiété dont les sages avaient vu l'éclair, dont ils avaient signalé l'approche. Le nuage creva; et ce qui en sortit bruyamment, au milieu d'un congrès demeuré fameux, ce fut un athéisme juvénile, mais effronté, qui déjà agitait d'une main la torche de l'incendie, et de l'autre, montrait avec menace l'instrument du supplice. En dépit d'avertissements solennels, les pères de famille ne voulurent pas voir, les gouvernements ne voulurent pas entendre. On se rassura sur la foi d'endormeurs à gages; quelques démentis officiels, quelques pénalités infligées aux meneurs imprudents achevèrent de tranquilliser le public, toujours prêt à croire ses maîtres sur parole. Désormais non-seulement le matérialisme avait sa place au soleil, mais il aspirait à passer à l'état d'institution. On allait le voir, là où il dominait, se renfermer à son tour dans un exclusivisme étroit, proclamant en droit la liberté, pratiquant en fait une révoltante intolérance.

De grandes écoles se formèrent, où la jeunesse accourue de toute part, sur le renom de maîtres habiles, entendait dire que Dieu n'est qu'un mot sans signification, l'âme humaine une vieille hypothèse dont la science actuelle n'a plus besoin, la pensée une sécrétion du cerveau, la volonté un ébranlement du système nerveux. Quelques-uns des disciples en concluaient, assez logiquement ce semble, que toute responsabilité individuelle s'évanouit, et que le crime puni par la société n'est pas autre chose que le résultat nécessaire d'une organisation défectueuse.

Mais ces symptômes alarmants passaient presque inaperçus dans l'éclat que jetait notre prospérité ; et ceux-là eussent paru bien malavisés, qui auraient prétendu signaler des signes de décomposition dans un corps si plein de santé et de vie.

D'ailleurs le langage de nos écoles n'a pas toujours la même crudité. Si parfois la négation s'y pose comme un dogme, parfois aussi elle affecte de se renfermer dans une simple abstention ; tandis qu'ici elle se donne comme absolue, là elle se contente d'une forme purement relative.

Qu'importe après tout ? Le matérialiste nous dit : La substance spirituelle n'est pas. Le positiviste reprend : Qu'elle existe ou non, toujours est-il que vous n'avez aucun moyen de l'atteindre. Pratiquement, Messieurs, les deux systèmes se valent, et l'un n'est pas moins efficace que l'autre pour saper par la base toute conviction religieuse ou philosophique.

Tels ont été, tels sont encore les maîtres les plus accrédités de la génération présente.

Mais quoi, me direz-vous, ces théoriciens sont-ils sans culte et n'ont-ils, comme dit saint Paul, aucune divinité, aucun rédempteur en ce monde, *sine Christo.., sine Deo in hoc mundo* (1) ?

Non, Messieurs, pas tout à fait. L'école spiritualiste dont je parlais tout à l'heure saluait comme son messie la *Raison*.

____

(1) Éphes. II, 12.

Moins pénétré de respect pour cette idole, le matérialisme adopte pour son christ l'*Industrie*, et le positivisme fait son dieu de la *Science expérimentale*. Voilà les sauveurs qu'on acclame; voilà les rédempteurs prétendus qui se dressent aujourd'hui de toute leur hauteur, moins pour égaler que pour supplanter le Rédempteur véritable. Qui dira le servilisme de la presse à leur endroit? Qui répètera les hymnes qu'on entonne chaque jour en leur honneur et les panégyriques dont retentissent toutes les tribunes érigées pour célébrer leurs louanges?

Eh bien! ô christs de nos écoles, idoles encensés par le journalisme moderne, qu'avez-vous fait pour préserver notre malheureuse patrie? Au milieu de nos désastres, où sont vos œuvres de salut, où est la puissante intervention qui devra justifier notre confiance? La raison séparée de la foi avait promis d'établir parmi nous l'unité des croyances; a-t-elle fait cesser les divisions, a-t-elle rassemblé les esprits autour des mêmes principes? N'est-ce pas, au contraire, en son nom, que ces principes ont été ébranlés, détruits, pulvérisés, sans qu'il en reste, pour ainsi dire, de traces?

L'industrie devait moraliser l'homme par le travail, développer la sagesse des multitudes en s'adressant à leurs intérêts mieux compris et plus sainement étudiés; pouvezvous dire, Messieurs, qu'elle a accompli sa tâche? L'avez-vous vue cultiver la moralité dans les populations, faire fleurir la vertu dans les grands centres qu'elle occupe ou seulement défendre l'ordre matériel sans l'aide duquel elle ne peut vivre?

Et quant à celle que vous appelez *la science*, cette science qui ne veut plus de Dieu, ni du christianisme, elle allait, nous disiez-vous, éclairer les citoyens sur leurs devoirs, les rendre plus modérés, plus conciliants, plus amis de la paix, plus éloignés de toute discorde? Et voilà que plus nous sommes instruits, plus nous apparaissons divisés;

et le progrès de ces études athées se mesure par une re-
crudescence de haine entre les classes sociales. Ah ! Messieurs, qui ne constate aujourd'hui l'impuissance absolue
de toutes ces recettes de santé publique? Qui ne sent que
les sources mêmes de la vie ont été empoisonnées? Je
le dis avec douleur, les professeurs de ce siècle en sont
devenus le fléau; et l'enseignement public a été trop souvent une conspiration contre la paix sociale.

Une des grandes erreurs de notre temps, c'est de pré-
tendre creuser un abîme entre la spéculation et l'action,
entre la théorie, qui demeure dans l'ordre abstrait, et les
faits qui viennent former la trame de la vie pratique.
Qu'importe, nous dit-on, ce que tel ou tel philosophe médi-
dite dans la solitude discrète de son cabinet, ou ce qu'il
confie au papier pour entrer en communion avec les
hommes qui partagent ses sentiments? Et l'on ne voit pas
que cette idée est un engin de guerre, qui, du laboratoire
où on l'a fabriqué, va être introduit sur le grand champ de
bataille où se décident les destinées des peuples. L'inventeur l'eût-il enveloppée de mystères, l'idée trouvera, soyez-
en sûrs, des vulgarisateurs complaisants pour la dégager de
ses obscurités, pour la traduire en langage commun et la
mettre à la portée des masses. Plus elle est fausse, plus elle
fera rapidement son chemin; plus elle est fatale, plus sa
fortune est d'avance assurée. L'un a dit : La propriété c'est
le vol; vous savez, Messieurs, ce que cette parole a déjà
produit de désastres. Un autre, un rêveur allemand, avait
donné, dans son idiome énigmatique, la primauté à la force
sur le droit; c'est le seul mot de sa philosophie qui n'ait
pas péri; et la France apprend à ses dépens qu'il est devenu
la loi des relations internationales.

A côté des théoriciens, il y a ce qu'on appelle dans la
langue révolutionnaire, le *parti de l'action;* celui-là se

charge de tirer les conclusions des principes mis en avant
par les premiers. Vous le savez, la logique fait souvent défaut aux particuliers, mais elle entraîne fatalement les multitudes ; l'homme individuel s'arrête devant une déduction
qui lui semble fatale ; la foule ne recule devant aucune conséquence, si désastreuse qu'elle puisse être.

Ne vous étonnez donc point si les résultats confondent la
raison des philosophes, compromettent les intérêts indus-
triels, si la science, même athée, les renie et les désavoue.
La responsabilité n'en appartient pas moins à ces doctrines
irréligieuses, dont on a, en leur nom, saturé les populations ;
ce n'en est pas moins sous leur patronage que s'est ourdie
la grande conspiration contre l'ordre social.

Cette conspiration où est-elle ? ou plutôt, Messieurs, où
n'est-elle pas ? Hydre à cent têtes, géant à cent bras, qui peut
bien dire comme le démon de l'Evangile : *Legio mihi nomen
est, quia multi sumus* ; comptez, si vous pouvez, les hommes
enrôlés dans cette ligue ; énumérez seulement les bataillons,
j'allais dire les armées dont elle dispose.

Est-ce donc que tous ces esprits sont d'accord ? Il s'en
faut de beaucoup ; mais on s'entend quand il s'agit de
détruire. On sait faire un effort d'ensemble pour traduire
en actes les négations que les maîtres de la génération présente ont partout propagées.

Pendant qu'en plein soleil l'enseignement public mettait
à l'ordre du jour le matérialisme et les systèmes athées,
sous terre se formait un immense réseau, dont les ramifica-
tions s'étendaient à toutes les contrées et chez toutes les
nations ; œuvre ténébreuse, faisant mouvoir des fils invisibles au moyen de ressorts inconnus. Son but, qu'elle n'a
pas craint d'avouer n'est autre que l'*anéantissement du catholicisme et de l'idée chrétienne* (1). Pour l'atteindre, deux

(1) *Instruction générale et secrète de la vente suprême.* — Pascal-Grousset a

instruments principaux devaient être mis en œuvre : l'agitation et la corruption. L'agitation, parce que c'est la grande condition de succès, *la conspiration la mieux ourdie étant celle qui remue le plus et qui compromet le plus de monde* (1); mais surtout la corruption, à laquelle il ne faut jamais se lasser d'avoir recours : *Popularisez le vice dans les multitudes; qu'elles le respirent par les cinq sens, qu'elles le boivent, qu'elles s'en saturent. Faites des cœurs vicieux et vous n'aurez plus de catholiques* (2).

Quel hommage rendu à notre religion! Mais aussi quel signal d'une guerre acharnée et implacable! Après tout, sommes-nous donc si loin de la doctrine des maîtres?

Vous, adorateurs de la libre pensée, vous aviez dit : Il n'y a point de surnaturel. D'autres se sont chargés de conclure : Donc qu'on abolisse le Christ et son sacerdoce; que le temple se ferme ou qu'il devienne le théâtre des plus ignobles profanations. Vous, professeurs de matérialisme ou fauteurs d'un positivisme intolérant, vous vous êtes écriés : Nous ne connaissons ni âme, ni vie future. Les masses n'ont pas tardé à en tirer comme conséquence qu'il leur faut chercher la jouissance à tout prix. Et parce que l'on ne peut jouir sans argent, ceux qui en sont dépourvus n'aspirent qu'à dépouiller ceux qui possèdent; car à leurs yeux le droit privé n'est qu'un attentat contre les intérêts communs. Et les nations raisonnent comme les individus; et celles qui se sentent plus fortes mettent la main à l'œuvre. Vous qu'on appelle l'Italie, prenez ce territoire qui est à votre convenance; et vous dont on veut faire l'Allemagne, revendiquez ces provinces depuis longtemps convoitées. Maintenant à ton tour, peuple de Paris; ces palais déserts

dit de la révolution de 1871 que son triomphe devait être la fin du catholicisme. (*La bouche de fer*, n. 2, p. 31.)

(1) Ibid.

(2) *Lettres de Vindex à Nublus. Instruction de la Haute Vente.*

t'ouvrent leurs portes. A la place du luxe détrôné des rois viens y installer l'orgie sanglante des prolétaires. Qui peut t'en blâmer puisque tu es souverain? Qui peut te condamner puisque tu es toi-même la source et la raison de la loi? Allez donc, Balthazars d'un jour, buvez votre ivresse dans les coupes d'or qu'hier vous avez dérobées à nos temples. Voilà que déjà apparaît sur la muraille la main mystérieuse qui écrit vos tristes destins... Mais que dis-je, Messieurs, la muraille brûle, l'incendie allumé par eux dévore le palais d'où il leur faut sortir. Ne vous étonnez point de ces destructions. Elles étaient dans le programme; et ce programme ils n'avaient pas craint de l'afficher d'avance : *Nous ou le néant*, formule d'un égoïsme monstrueux, mais aussi dernière et rigoureuse conséquence de leur profession d'athéisme.

Devons-nous croire, Messieurs, que ces passions antichrétiennes et antisociales aient entièrement désarmé? Vous avez arraché des mains l'instrument de mort; avez-vous arraché des cœurs les haines qui l'avaient fait prendre? Vous empêchez l'explosion homicide qui tue les corps; arrêtez-vous l'explosion des doctrines perverses qui détruit toute conviction et toute vertu dans les âmes? Ne nous faisons point illusion. Tant que les croyances n'auront point repris possession des esprits, toute union durable entre les diverses classes de la société est impossible. Vous pourrez imposer une trêve, vous n'assoierez pas la paix. Les cupidités qui spéculent sur le bouleversement pourront ajourner leur œuvre, elles n'abdiqueront aucune de leurs cruelles espérances.

Ecoutez le journalisme qui s'est donné la mission d'entraver notre génération. Il vous dira, comme il fait tous les jours, que l'ennemi le plus redoutable de la France, ce n'est point la Prusse, mais le sacerdoce; que la religion est le péril permanent qu'il faut combattre nuit et jour, sous peine de périr empoisonnés par l'infiltration du *virus* catholique. Soustraire l'humanité au pouvoir de la religion et remplacer la foi par la science, c'est l'objet qu'on se propose, le but qu'on poursuit activement; la devise adoptée peut se formuler ainsi : *Plus de dogmes, plus de joug, plus de tyrans, plus de Messie* (1).

Telle est, Messieurs, en toute franchise, la vérité de la situation. Deux forces sont en présence et se disputent le monde : d'un côté, une force brutale qui tend au renversement; de l'autre, une force morale, qui peut bien ne pas toujours avoir la pleine intelligence d'elle-même, mais qui, lorsqu'elle arrive à se comprendre parfaitement, s'appelle de son nom propre, à savoir le christianisme. Les œuvres de toutes deux sont manifestes. Ces ruines matérielles, que vous avez encore sous les yeux, ne sont qu'une faible image de celles qui se sont accumulées dans les esprits, au souffle destructeur du scepticisme.

Vous voulez reconstruire et vous ne trouvez pas d'éléments sous votre main. Le terrain lui-même où il faudrait bâtir, s'éboule et s'affaisse, parce qu'on n'y rencontre plus le granit du bon sens et des vérités premières. Ah ! croyez-moi, ce n'est point en recrépissant de vieux débris, en étayant des murailles ruineuses, que vous éléverez le monument solide et durable que le monde attend de vous. Il n'y a qu'un fondement possible, a dit saint Paul, celui qui a été posé par Dieu lui-même : *Fundamentum aliud nemo potest ponere præter id quod positum est* (2); c'est celui-là, Messieurs, qu'il nous faut chercher, ou plutôt qu'il nous faut rétablir. Ne nous arrêtons point dans notre travail que nous n'ayons trouvé la pierre ferme, jetée dès le commencement dans les assises de notre vieille France et sur la-

(1) Voir *la Franc-maçonnerie et la Révolution,* par le P. Gautrelet. 16ᵉ lettre, p. 83.

(2) I Cor. III, 11.

quelle reposait toute la grandeur que nous avons perdue. Cette pierre, vous le savez, c'est le Christ : *Petra autem erat Christus* (1). Aussi bien, n'est-ce pas la seule qui reste à sa place, quand tout paraît démoli autour d'elle ? Les trônes sont tombés, les vieilles institutions ont disparu ; seul, l'autel se relève toujours ; seul, le christianisme garde sa jeunesse dans la décrépitude de toutes choses. A lui se rattachent toutes les espérances de l'avenir.

Malgré toutes nos défaillances et nos défections, la solidarité entre le Christ et nous existe encore ; et ceux qui ont été nos ennemis la comprennent. Si en ce moment ils font une guerre ouverte au catholicisme, c'est qu'à travers le catholicisme ils pensent atteindre notre pays. Tant que le Christ est vivant, la France ne leur paraît pas assez morte ; et pour achever plus sûrement la ruine de celle-ci, ils voudraient étouffer partout l'influence de celui-là. Les deux intérêts se tiennent ; ils pensent que le même glaive frappera à la fois les deux vies et fera tomber les deux têtes. Lien indissoluble qui est la gloire de notre patrie, et qui sera aussi sa sécurité.

II

A voir les conspirations qui travaillent l'humanité contemporaine et l'agitation à laquelle la société est en proie, on pourrait croire que tout est perdu. Vous le savez, Messieurs, plusieurs pensent ainsi, et le découragement est une des grandes plaies du moment où nous sommes. C'est que nous ne voyons que la surface, c'est que nous n'entendons que les bruits du dehors. Lors même que l'océan

(1) I Cor. x, 4.

paraît ébranlé jusque dans ses abîmes, le fond, nous assure-
t-on, reste tranquille ; du moins les mouvements qui y
règnent, ne participent pas aux bouleversements extérieurs.
N'en serait-il point de même dans cette mer animée et vivante qui s'appelle la France ? Et pour connaître la situation
vraie, n'avons-nous pas besoin de descendre jusqu'à ses
intimes profondeurs ?

Assurément rien de plus prononcé, rien de plus bruyant
que ces courants de sensualisme, dans lesquels il semble que
toute vie soit désormais emportée. Ils traversent nos cités,
ils envahissent nos campagnes, semant partout la ruine
morale, tarissant le sentiment religieux jusque dans ses
sources.

Mais au-dessous, Messieurs, je veux dire dans une région
moins troublée et plus étendue, vous trouvez le fleuve paisible de ces existences modestes et attachées au devoir.
Quelle que soit la corruption, combien de foyers sont demeurés intacts ! Si générales que puissent être les défaillances, combien de familles ont encore conservé le trésor
de leur union ! Calculez, si vous pouvez, le nombre de
jeunes filles demeurées pures, des épouses toujours fidèles ;
voyez les adolescents que le mal n'a point encore séduits,
les hommes mûrs que toutes les vertus de la paternité cou-
ronnent. Cette chasteté qu'on me disait exilée du monde,
je la rencontre aux champs, je la trouve au sein de nos
villes ; elle s'abrite sous la toge du magistrat, elle brille
sous les insignes de la vie militaire. Point de profession qui
n'en fournisse des exemples, point de classes sociales qui
en soient complètement déshéritées. Certes, c'est la perle
précieuse qui ne se montre pas commune, à l'égal des grains
de sable du rivage ; pourtant la France n'en est point si
apauvrie qu'elle ne puisse encore avec orgueil montrer ses
richesses.

Il n'est pas rare, non plus, que l'amour de la pureté

aspire à monter plus haut ; et c'est alors que brisant de chères entraves, il s'en va chercher dans les cloîtres ou dans le sanctuaire une température mieux appropriée à ses besoins, un air plus salubre, un soleil plus chaud, un ciel plus serein, un sol plus fertile. C'est ce qui produit au milieu de nous et ces phalanges d'apôtres, et ces légions de vierges. Notre patrie en est si abondamment pourvue, qu'elle peut, sans se dépouiller, en doter à la fois toutes les contrées du monde.

Messieurs, laissez-moi contempler avec vous cette immense armée des âmes d'élite, qui nous reste encore après toutes nos pertes ; laissez-moi admirer sous leurs pavillons, ces tribus immaculées, non moins vaillantes, non moins généreuses que celles qui transportaient autrefois d'admiration le prophète de Madian. Oui certes, elle est belle cette génération des âmes chastes, *pulchra est casta generatio*; elle brille d'un éclat plus vif que les étoiles du firmament, *cum claritate*; quand on l'a connue, on ne saurait l'oublier, aussi son souvenir est de ceux qui ne périssent point, *immortalis est memoria illius*; et ce n'est pas seulement dans la mémoire de Dieu qu'il est gravé, c'est aussi dans celle des hommes, *quoniam et apud Deum nota est et apud homines* (1).

Voilà, Messieurs, ce que notre humanité a de meilleur. Ce courant si limpide, d'où vient-il et où va-t-il ? Pouvez-vous en assigner l'origine ? Pouvez-vous indiquer sa direction et déterminer sa tendance ?

Il n'y a point à s'y tromper ; toutes ces vies, qu'elles le sachent ou non, sont tournées vers le Christ. Elles vont à lui en vertu du mouvement même qui les a écartées des routes fatales par où on arrive aux abîmes, en vertu des affections saintes qui les maintiennent dans le sentier difficile du devoir et de l'honneur. Elles vont à lui parce

____

(1) Sap. iv, 1.

qu'elles en viennent, personne ne pouvant conserver la dignité de son cœur si ce n'est par un don de Dieu (1) ; or, vous le savez, c'est la loi générale des choses qu'elles retournent à leur point de départ et remontent tôt ou tard à leur principe. Elles y vont enfin par une ressemblance particulière, car il y a dans l'âme pure une certaine effigie du Christ ; lors même qu'elle ne le connaît pas, elle a d'avance pour lui une tendance spontanée ; il suffira de déchirer le bandeau pour qu'elle le reconnaisse avec amour et s'attache à sa personne.

Vous avez là, Messieurs, une des alliances naturelles de notre Christ ; les âmes chastes lui sont sympathiques, elles ont avec lui des intérêts communs. Et comme on les trouve semées partout dans notre France, vous ne pouvez pas nier qu'il n'ait en tout lieu des intelligences sûres et de solides amitiés. Ses ennemis y sentent, comme d'instinct, une puissance dont leurs efforts ne sauraient triompher. Pour faire le vide autour de lui et l'isoler complètement, ils ont encore, Dieu merci, immensément à détruire. Qu'ils ne se flattent point d'y avoir réussi avant d'avoir perverti jusqu'à la dernière épouse et immolé jusqu'à la dernière vierge.

De même, Messieurs, je sais tous les ravages que fait dans notre siècle le souffle empesté de l'égoïsme. C'est le malheur des temps présents ; c'est la grande préoccupation de ceux qui voudraient travailler à une régénération sérieuse (2). Mais s'il est vrai que ce vent brûlant ait desséché dans un grand nombre de cœurs les sentiments généreux, n'est-il pas vrai aussi qu'à l'encontre de celui-là, il en souffle un autre tout différent, dont nous pouvons dire,

----

(1) Scivi quoniam aliter non possem esse continens nisi Deus det ; et hoc ipsum erat sapientiæ scire cujus esset hoc donum. (Sap. viii, 21.)

(2) Voir entre autres la Lettre de M. le comte de Buttenval à M. Le Play. *Union de la paix sociale*, n° 1, p. 8.

comme dans l'Evangile, que nous entendons sa voix et que nous voyons ses résultats sans savoir jusqu'où ils pourront s'étendre.

Tandis que la multitude se précipite sur toutes les avenues du bien-être, s'y étouffe et les obstrue; tandis qu'on oublie tout pour courir à la fortune ou au plaisir, nous remarquons avec bonheur un mouvement inverse, qui n'est point resserré en d'aussi étroites limites qu'on pourrait le croire. Aujourd'hui encore le désintéressement est à l'ordre du jour. Les théâtres sur lesquels il agit ne sont pas peut-être ceux qui se trouvent le plus en vue; souvent il préfère l'obscurité d'une position qu'aucun éclat n'environne, le silence d'une maison qu'aucune renommée n'enveloppe de son prestige.

Allez, Messieurs, jusqu'à ces toits inconnus qu'habite une pauvreté honnête ou une aisance que n'a point encore corrompue l'orgueil de la richesse; de là remontez par degrés chacun des échelons de la hiérarchie sociale, en vous élevant enfin jusqu'aux premiers. Quand vous aurez achevé cette visite, où rien, je le suppose, n'aura échappé à vos investigations, je ne vous demanderai point quels scandales se seront étalés devant vous, quelles plaies secrètes et profondes vous auront forcés de gémir; l'histoire en serait longue et le tableau désolant; mais je vous demanderai plutôt combien de fois, à côté de ces hontes et de ces misères morales, vous aurez constaté l'existence de la vertu résignée et la perfection du plus admirable dévouement.

Oui, dans ce vaste champ de la famille humaine, le bon grain croît à côté de l'ivraie; et à mesure que l'une grandit, l'autre s'élève dans la même proportion. Quand on vient me dire : Vit-on jamais des ambitions plus démesurées? je réponds : Vit-on ailleurs de pareils dépouillements? Si on répète avec douleur : Quand est-ce que les hommes se sont montrés plus âpres au gain, plus enfermés dans leurs intérêts personnels, plus cupides, plus contempteurs de toute justice divine ou humaine? n'aurai-je pas le droit de reprendre : Sans doute, mais aussi quand aviez-vous vu l'oubli de soi poussé jusqu'à la passion, le besoin de servir les autres prenant toutes les formes, la charité inventant tous les jours de nouvelles industries? On peut nier bien des vérités, on peut calomnier bien des situations. Mais ce qui résiste à toutes les dénégations et ce qu'aucune calomnie ne saurait obscurcir, c'est le fait de ces dévouements presque surhumains qui, dans toutes les conditions et sous tous les costumes, revendiquent leur place au soleil de notre siècle.

Hommes et femmes, séculiers ou religieux, passent au milieu de nous avec cette livrée, comme un bataillon qui serre ses rangs et qu'aucun obstacle n'arrête.

Je me trompe, Messieurs, quel que soit le contraste qui existe entre cette milice désintéressée et les masses mercenaires qui les entourent, on les voit marcher pêle-mêle avec nous, portant partout l'exemple, le secours, allant s'asseoir auprès de toutes les douleurs, travaillant à soulager tour à tour chacune des variétés sans nombre que revêt l'infirmité humaine. Tel est le spectacle dont nous sommes témoins, et il faut une explication à cette énigme. Tout effet a sa cause, tout phénomène a sa loi. Que la vie humaine coure à la jouissance et à la richesse, c'est sa pente, c'est son naturel entraînement; mais que refluant sur lui-même, ce Jourdain remonte son cours, qu'il fuie les rives fleuries des joies mondaines pour s'élancer vers les cimes arides du sacrifice : c'est ce qui ne se peut faire, sans l'intervention d'une force cachée. Point de doute, Messieurs, cette force vient du ciel. Quand vous voyez une existence dégagée de sa gravitation native et suspendue, comme sur le vide, dans les hauteurs de l'immolation personnelle, vous pouvez affirmer à coup sûr que ce qui l'a portée là, c'est la main du

Christ. Lui seul a été capable de l'y amener, lui seul peut l'y soutenir en dépit des sens et de la nature.

Et s'il faut qu'au désintéressement de la vie se joigne aussi le courage de la mort, qui pourra l'inspirer à l'égal de la pensée religieuse? On nous parle de patriotisme; où l'a-t-on trouvé plus ardent que dans notre jeunesse chrétienne? Je les vois ces héros du Mans, de Patay, de Loigny, marchant à une mort certaine sous la bannière que Pie IX leur a donnée et portant sur leurs poitrines les insignes sacrés du Christ; je les vois ces prêtres martyrs se rendant au lieu de leur supplice, où leur main défaillante bénira encore une fois les frères égarés qui se sont faits leurs bourreaux ; dites-moi, Messieurs, de quel côté va couler ce sang le plus pur, sans contredit, le plus généreux qui soit en notre France? Fleuve béni, il élève ses flots, il élève sa voix : *Elevaverunt flumina vocem suam, elevaverunt fluctus suos* (1), pour proclamer que tous les grands dévouements prennent leur source au pied de la croix, et que c'est aussi vers la croix qu'ils refluent et qu'ils retournent. O Christ, vous seul les avez enfantés dans votre cœur et c'est de votre cœur qu'ils rejaillissent ici-bas, pour être l'honneur immortel de notre race.

Voilà déjà des groupes considérables d'hommes que Jésus-Christ peut considérer comme acquis à sa cause. Il me semble néanmoins que je puis vous montrer une catégorie plus nombreuse encore de sympathies qui lui sont assurées.

Jamais peut-être on n'avait tant travaillé que de nos jours à diminuer dans le monde la multitude presque infinie des douleurs. Mais, nous avons beau faire, la souffrance continue à être le lot de la majorité. Vous la chassez par

____

(1) Ps. XCII, 3.

une porte, elle revient aussitôt par toutes les autres ; et pour un poste que vous l'aurez forcée d'évacuer, elle s'établira immédiatement sur mille points à la fois. Vis-à-vis d'elle nos secours sont impuissants, nos consolations inefficaces, et souvent l'expérience des déceptions qu'elle a éprouvées, la force à chercher plus haut son soulagement.

Or, il y a encore ici deux courants opposés : un courant de haine et un courant d'amour ; l'un révèle une répulsion qui va jusqu'au blasphème ; l'autre atteste une popularité que rien n'a pu entamer jusqu'à cette heure.

Lequel de ces courants est le plus fort, c'est ce que les faits vont nous dire.

Autrefois, il existait à peine un foyer que la croix ne gardât et où elle ne fût arborée comme un signe protecteur. Aujourd'hui, quand le ministre du sacrement est appelé à franchir votre seuil pour bénir l'agonie et adoucir les angoisses suprêmes, son regard rencontrera-t-il chez vous l'instrument du salut ? N'aura-t-il pas dû s'en prémunir dans la prévision de votre indifférence ?

N'importe : à cette heure des grandes révélations, le Christ sera d'ordinaire le bien venu. J'en appelle à mes frères dans le sacerdoce ; ils vous diront qu'on sent alors le prix de cette infirmité divine qui s'approche de l'infirmité humaine ; on comprend cette visite de la douleur qui vient fortifier et de la mort qui vient vivifier.

Mais j'ai encore d'autres témoins et je les trouve parmi ces hommes sans foi, qui ne craignent pas de vouer dès aujourd'hui leur dernière heure à l'impénitence. Car l'affreux serment dont ils se lient est encore un hommage significatif à cette popularité du Christ ; et c'est parce qu'ils ne se sentent pas assez forts pour y résister, qu'ils cherchent leurs sûretés dans un pacte plein de désespoir. Insensés, qui malgré tout seront encore vaincus, je l'espère, à moins que de

cruels amis ne fassent autour d'eux une garde satanique
pour écarter la miséricorde de leur dernier soupir.

N'est-ce point également cette popularité qui, de tout
temps, a allumé la fureur du fanatisme antireligieux? La
première révolution brisait nos christs, abattait nos croix
sur toute l'étendue du territoire français. En a-t-il été de
même sous le régime de cette nouvelle terreur dont Paris
nous a donné le spectacle? Nous avons vu des mains impies
arracher le crucifix de nos tribunaux et de nos écoles. Nous
avons vu la croix disparaître du sommet du Panthéon et
faire place au drapeau sanglant, qui d'avance semblait
marquer pour l'incendie les édifices sur lesquels il venait
flotter. Temples sacrés du Dieu Sauveur, de quelles profanations ne fûtes-vous point alors l'objet? De quelles scènes
indignes et ridiculement sacrilèges votre enceinte bénie ne
devint-elle point le théâtre? Les yeux qui virent ces horreurs n'en perdront jamais l'affreux souvenir. Les anges du
Dieu de paix pleuraient en se voilant la face ; et cette abomi-
nation de la désolation, prédite par Daniel, s'étalait de nouveau dans le sanctuaire ?

Chaque matin pourtant la victime de réconciliation des-
cendait sur l'autel ; durant le jour, de pieux fidèles venaient
encore s'agenouiller sur ces dalles mouillées de leurs larmes
et faisaient monter vers Dieu le cri de leur angoisse; le
soir, c'était l'heure de Satan, c'était le règne du prince des
ténèbres : *Hæc est hora vestra et potestas tenebrarum.* Vous
savez jusqu'où allait l'audace de l'insulte ; ils portaient des
défis à Dieu et ils osaient étendre la main sur son Christ;
parfois ils le revêtaient de leurs insignes, comme s'ils
avaient voulu le convertir à leurs idées ; les scènes du prétoire recommençaient et Jésus paraissait encore une fois
couvert d'une pourpre dérisoire.

Etait-ce intervention d'une puissance inconnue? Etait-
ce que le sentiment public, tout perverti qu'il semblait

être, condamnait ces révoltantes manifestations? Ce jeu sacrilége n'allait pas plus loin ; et l'assemblée chrétienne pouvait encore le lendemain contempler intacte la figure sacrée qu'elle adore. Douce et sainte image, ah! nous avions plus que jamais besoin de vous pour nous consoler des désastres de notre patrie et de la mort violente de nos frères. Si jamais de pareilles heures devaient revenir, de grâce, restez avec nous. Car la douleur sur laquelle vous ne feriez plus luire votre rayon béni aurait perdu sa dernière espérance.

En vous signalant les amis du Christ et ceux qui travaillent contre lui, faut-il, Messieurs, conclure, comme certains écrivains, qu'il y a aujourd'hui deux humanités incapables de tomber d'accord, incapables même de se comprendre. Comme si elles parlaient deux langues différentes, comme si définitivement il n'y avait plus rien de commun, ni dans leurs affections, ni dans leurs idées.

Ce qui est vrai, c'est que le signe de contradiction est toujours levé ; c'est qu'aujourd'hui, plus que jamais peut-être, le Christ occupe une position centrale vers laquelle, bon gré, mal gré, il faut que tout converge. Plusieurs s'imaginent ne s'attaquer qu'aux hommes, et c'est à lui qu'ils s'en prennent. Il en est qui pensent respecter seulement les droits de la nature, et c'est vers lui qu'ils s'acheminent.

Le voyez-vous, Messieurs, debout sur sa montagne ; tous les flots soulevés par les passions humaines viennent se briser contre lui : flots des doctrines négatives, flots des conspirations antisociales, mer agitée, mer mugissante, qui semble à chaque instant prévaloir, mais qui ne parvient pas seulement à le couvrir de son écume. Voici venir d'autre part, un flux plus calme, plus paisible, qui dépose à ses pieds le tribut de tous les sentiments généreux, le témoignage de toutes les nobles sympathies qui sont au fond des âmes. Les deux marées montent en sens inverse et paraissent s'élancer jusqu'aux nues ; mais si haut qu'elles s'élèvent, on voit toujours planer au-dessus la même figure divine, qui les domine et les sépare.

Maintenant, Messieurs, de quel côté se fait parmi nous le véritable mouvement des esprits ? Sur quel versant faudra-t-il que nous placions notre France ?

J'entends des appréciations diverses. Je vois signaler des symptômes opposés. Quant à moi, je laisse parler des faits dont la réponse ne saurait être suspecte.

Il y a quelques années, on nous entretenait de je ne sais quel grand diocèse de la libre pensée, dont on osait bien comparer l'étendue aux vastes circonscriptions de nos églises. Le mot avait eu du retentissement ; plusieurs se demandaient, non sans effroi, si la majorité de nos concitoyens n'était pas définitivement acquise à l'irréligion et si, au jour où il lui faudrait se prononcer, elle ne romprait pas ouvertement avec le christianisme.

Eh ! bien, Messieurs, qu'est-il arrivé ? L'administration civile a voulu en avoir le cœur net ; et dans une statistique récente, elle a demandé à chacun d'exprimer librement son opinion sur la question religieuse. Combien avez-vous trouvé d'hommes qui consentent à n'avoir plus rien de commun avec le Christ ? En avez-vous un sur dix, un sur cinquante, un sur cent ? Non, Messieurs, dans cette ville de Paris, où l'incrédulité a son camp retranché, vous en rencontrez à peu près un sur mille. Ailleurs c'est vingt fois, c'est cent fois moins ; et si je m'en rapporte aux documents connus, nous sommes en droit de dire aux libres penseurs de la France entière : Vous n'êtes qu'une poignée au milieu de nous ; et loin de former ce grand diocèse dont vous parliez si fort, tous ensemble vous composeriez à peine une médiocre paroisse.

Mais, nous dit-on, ce chiffre est nominal ; il n'en est pas

moins vrai qu'en France, Dieu est oublié et que la prière est morte.

On allait le répétant, Messieurs, et nous-mêmes peut-être nous en avons plus d'une fois gémi en secret. Ces jours derniers, vous avez vu s'il en était ainsi ; et cette enceinte même au besoin pourrait nous apporter son témoignage. Ce n'est pas tout ; sur l'initiative de quelques enfants, — ne vous en étonnez pas, Dieu aime à montrer sa puissance en faisant sortir des plus petites causes les plus admirables effets, — nous avons vu, pendant trois mois, les populations se lever, réclamer la liberté de leur prière, puis sous l'impulsion d'un sentiment, où, quoi qu'on en dise, la politique n'avait aucune part, elles se donnaient rendez-vous à ces sanctuaires signalés par de nouvelles manifestations de la divine miséricorde. Sur leur passage tout était dans l'étonnement ; villes et campagnes s'émouvaient de ce spectacle inaccoutumé ; on se demandait si les temps antiques étaient revenus, et si l'on assistait à cet ébranlement des nations catholiques partant comme un seul homme pour la guerre sainte.

Dans le transport universel, qu'importaient les cris d'insulteurs salariés ou les tentatives violentes d'ignobles agresseurs ? La foi ne recule pas pour si peu ; elle se venge en redoublant de ferveur ; et aujourd'hui encore, bien que l'ère des solennités semble close, la piété du grand nombre est encore loin de se montrer rassasiée.

D'ailleurs le mouvement était partout. S'il se portait vers le midi, il refluait en même temps au centre, à l'orient et même au septentrion ; partout où une secrète inspiration le conduisait, partout où on pouvait espérer de trouver plus propice celle qui est la reine et la protectrice de notre pays.

Le pays, Messieurs, ah ! c'était bien lui qui était là, venu de lui-même, sans pression comme sans crainte. On l'a vu au pied de ces montagnes lever les mains vers le ciel et implorer le secours : *Levavi oculos meos in montes, unde veniet auxilium mihi*; ce secours qu'il n'attend plus que de Dieu, *auxilium meum a Domino* (1), après toutes les déceptions qu'il a éprouvées de la part des hommes.

Témoin de ce magnifique spectacle, un chrétien s'écriait : Il y a là un élan de foi à soulever les Pyrénées (2). Pour moi, Messieurs, j'irai plus loin et, considérant le mouvement chrétien qui s'est produit, je ne craindrai point de dire : Il y a là une explosion d'amour à transformer, à sauver la France.

(1) Ps. cxx, 1, 2.
(2) *La question des pèlerinages*, art. de M. F. de Champagny. (Correspondant du 25 octobre).

(Reproduction intégrale interdite sans autorisation des éditeurs.)

PARIS. — E. DE SOYE ET FILS, IMPR., 5, PL. DU PANTHÉON.

CONFÉRENCES

DE

NOTRE-DAME DE PARIS

AVENT 1872

PAR LE R. P. MATIGNON

DE LA COMPAGNIE DE JÉSUS

JÉSUS-CHRIST ET LA FRANCE

Deuxième Conférence

JÉSUS-CHRIST, SA FAIBLESSE ET SA FORCE

PARIS

A JOUBY ET ROGER, ÉDITEURS

7, rue des Grands-Augustins, 7

CONFÉRENCES DE NOTRE-DAME

DEUXIÈME CONFÉRENCE

JÉSUS-CHRIST, SA FAIBLESSE ET SA FORCE

MESSEIGNEURS, (1).

MESSIEURS,

Nous avons esquissé à grands traits la situation morale
de Jésus-Christ au milieu de nous. Parmi ceux qui le
combattent, plusieurs affectent de se tenir dans les régions
en apparence inoffensives de la spéculation pure; c'est du
haut de leur pensée solitaire qu'ils le nient; c'est dans l'in-
faillibilité de leur orgueilleuse raison qu'il prédisent la fin
de son règne et proclament sa déchéance. Tandis qu'il s'é-
rigent des tribunes plus ou moins retentissantes pour y faire
entendre ces négations, à la porte même de leurs écoles,
des intrigues se nouent et des ligues se forment, qui tra-
duisent en actes la leçon d'athéisme et de matérialisme
qu'on y a entendue; d'obscurs travailleurs fouillent secrè-

(1) Monseigneur Guibert, archevêque de Paris et Monseigneur Dupanloup,
évêque d'Orléans.

tement les entrailles du sol et creusent la mine souterraine où s'amassent, comme autant de matières explosibles, toutes les doctrines où Dieu n'est plus, tous les systèmes d'où la religion est bannie. C'est ce qui fait que la terre tremble sous nos pas, et que la confiance a peine à renaître, même après les rudes secousses dont le contre-coup aurait dû consolider l'ordre social.

A l'encontre, nous avons vu se grouper près du Christ, non point tel ou tel parti politique, mais en général tout ce que l'humanité a de plus pur, tout ce qu'elle produit de plus généreux et de plus opposé à l'égoïsme. Les vies chastes et celles qui sont dévouées s'unissent pour former autour du Sauveur une brillante couronne, à laquelle les douleurs humaines viennent aussi mêler leurs teintes plus sombres; toutes ces sympathies demeurées fidèles à une même cause constituent au milieu de nous sa vraie démonstration et sa plus solide défense.

Mais nous avons besoin, Messieurs, d'envisager de plus près ce sujet important, qui seul peut nous donner le dernier mot, soit de nos craintes, soit de nos espérances. Des mêmes rangs s'élèvent parfois des cris d'alarme, parfois des chants de triomphe; ici ce sont des pressentiments amers qui n'annoncent que des malheurs; là, des pronostics de victoire qui ouvrent devant nous une ère de prospérités. Qui a raison, en réalité, des prophètes de joie ou des prophètes de tristesse, des Jérémies pleurant sur les ruines, ou des Michées annonçant les gloires de la nouvelle maison de Dieu?

Certes, le secret du ciel m'est inconnu; au lieu du regard de l'homme inspiré, je n'apporte ici que les inductions tirées du spectacle des choses humaines.

A l'heure qu'il est, le monde entier — la France surtout — a besoin d'un Sauveur. Je demande si dans la foule de ceux qui aspirent à ce titre, il sera défendu au Christ de poser, lui aussi, sa candidature. Vous le savez, ce n'est pas une domination terrestre qu'il réclame; et rien dans ses revendications ne gênera le mécanisme des gouvernements humains. Son droit est d'un ordre supérieur; c'est surtout sur les âmes qu'il doit s'exercer; et ce droit qui ne peut manquer de prévaloir un jour, selon le mot de saint Paul : *Oportet illum regnare* (1), n'en est pas moins, quant à son exercice actuel, subordonné à notre libre choix et dépendant de notre suffrage. Le Christ se présente donc à vous comme un *prétendant*; sa cause, si juste qu'elle soit, est soumise tous les jours à un vote populaire.

Peut-on prévoir les dangers d'échec? Peut-on calculer les chances de succès? Etant donné l'état des esprits, nous sera-t-il permis d'avoir une probabilité quelconque sur le résultat, et serions-nous admis à formuler quelques conjectures?

N'allons pas si loin, Messieurs, demandons-nous seulement, au point de vue de ce règne spirituel, qu'est-ce qui fait aujourd'hui la force de Jésus-Christ et qu'est-ce qui constitue sa faiblesse.

Je laisse dans l'ombre l'irrésistible puissance qu'il pourrait exercer comme Dieu. Je ne parle pas non plus de ces trésors infinis de persuasion, qui raviraient tous les cœurs, s'il entrait dans sa pensée de les produire au grand jour. Il faut nous renfermer dans les données de l'ordre commun et

(1) I. Cor. xv, 25.

providentiel. C'est en voyant la situation telle qu'elle est qu'il convient d'asseoir une appréciation raisonnable.

En outre, Messieurs, les passions humaines opposent au règne du Christ des obstacles qui sont de tous les temps et de toutes les contrées. Inutile, pour le moment, d'entrer dans ces détails; la question que nous avons à traiter est spéciale et exclusivement contemporaine.

En d'autres termes, il ne s'agit point de savoir comment cette royauté morale du Christ a pu autrefois s'implanter dans notre sol français, y pousser de profondes racines et couvrir de ses branches un peuple nombreux et florissant; il s'agit de savoir si le vieil arbre entamé par la Réforme, frappé si souvent au cœur par la cognée révolutionnaire, est encore capable de reverdir au milieu de nous, si sa sève est assez puissante pour nous donner et de nouvelles fleurs et de nouveaux fruits.

I

Comment vous le dissimuler, Messieurs? Considéré au point de vue humain, rien ne semble plus faible aujourd'hui que notre Christ. Autrefois le manteau des souverainetés européennes s'étendait sur lui pour le couvrir; ce manteau lui a été retiré et il apparaît dépouillé comme au prétoire. Jadis un protectorat officiel avait été institué en sa faveur dans tous les états catholiques. Lui a-t-il apporté plus de secours ou occasionné plus d'embarras, procuré plus d'influence ou imposé plus de servitudes : je sais que ces questions de fait vous divisent, alors même que, comme nous l'espérons, vous êtes d'accord avec nous sur les principes. Mais ce que personne ne peut nier, Messieurs, c'est que dans la soustraction de ce patronage il y a une source de force qui s'est tarie.

Du moins alors l'autel semblait à l'abri, puisque le glaive était toujours levé pour sa défense. Du moins la religion paraissait assurée du respect extérieur, puisque la loi épousait ses griefs et regardait comme siennes les insultes qui s'adressaient au christianisme. A l'édifice sacré, bâti de la main de Dieu, on avait ajouté des constructions, qui sans doute ne constituaient point précisément sa solidité, mais qui pouvaient le fixer sur notre sol, et empêcher les Anges du ciel de le transporter sur d'autres rivages. Le temps est venu où les mêmes peuples qui avaient élevés ces murs extérieurs les ont démolis ; les appuis séculaires n'existent plus ; et le monument religieux doit désormais se soutenir tout seul, même dans les contrées catholiques.

Si du moins, avec la prétention d'éviter toute ingérence, les puissances du dehors avaient conservé le respect ! Si, en affectant de tenir la balance égale entre les différents cultes, l'Etat s'attachait encore aux dogmes qui leur sont communs à tous ! Mais, Messieurs, vous le savez comme moi, non seulement Dieu n'a plus été officiellement reconnu, il a été publiquement désavoué ; le silence le plus profond s'était fait sur lui dans nos lois, dans tous les actes solennels de notre vie sociale. Défense semblait portée de prononcer seulement son nom et presque de laisser soupçonner son existence.

A plus forte raison le Christ était comme non avenu dans nos sociétés. Par je ne sais quelle frayeur de retomber sous le régime de la religion d'Etat, nous avions vu installer chez nous le régime de l'irréligion officielle. S'abstenir partout, toujours, du moment qu'une question de croyances pouvait paraître engagée, c'était le mot d'ordre et comme la consigne imposée à tous ceux que leur situation mettait en vue. Sous peine de se voir mal notés, ils ne devaient témoigner à Jésus-Christ ni préférence publique, ni même peut-être sympathie privée.

A défaut de protectorat officiel, le Christ pourra-t-il compter sur le patronage officieux des convictions générales? Hélas! l'opinion n'est pas pour lui. Fidèle à son drapeau, tant qu'elle avait conscience de sa faiblesse, elle l'a déserté, le jour où elle a commencé à se sentir la reine du monde. Si vous voulez savoir de quel côté souffle ce vent inconstant et capricieux, vous avez un signe certain et ce signe c'est le journalisme. La presse suit l'opinion en même temps qu'elle la fait; toutes deux ont ensemble d'étroites relations, qui ne leur permettent pas de se séparer, et l'une ne saurait changer de direction sans imprimer bientôt le même mouvement à l'autre.

Mais qui de nous ignore le ton que prennent aujourd'hui un grand nombre de feuilles quotidiennes à l'endroit de tout ce qui est chrétien? Autrefois c'était de l'hostilité, à l'heure qu'il est, c'est de l'acharnement; et tandis qu'on savait encore se donner les apparences de la modération, on ne craint plus désormais de jeter l'insulte, d'exhaler ouvertement la haine. Que nous apportent chaque matin ces pages pleines de fiel et de mensonge, qui de Paris se répandent sur la France entière? Vont-elles raffermir les esprits, redresser les principes, remettre en honneur ce qui fait la force d'une nation, je veux dire la moralité et la vertu? Ou bien se livrent-elles, au contraire, à une propagande de scepticisme, à un travail de démoralisation, d'autant plus sûres d'être écoutées qu'elles parleront plus haut contre le Christ, et mesurant pour ainsi dire leurs recettes à l'audace de leur impiété et de leur cynisme ?

Voilà donc, Messieurs, un singulier prétendant. On dirait qu'il entre en campagne sans alliés. Il sait qu'il n'a pas pour lui la force matérielle, qu'il ne peut compter sur l'appoint de l'opinion publique. Quel prestige pense-t-il exercer? en quelle ressource inconnue a-t-il mis sa confiance? O Christ, serions-nous tentés de lui dire, renoncez à votre dessein et ajournez vos revendications. Le monde actuel est trop prévenu ; laissez-le aller dans ses voïes et ne vous obstinez pas à le ramener dans les vôtres. Selon le conseil que vous donniez vous-même à vos disciples, qu'avez-vous autre chose à faire que de secouer la poussière de vos souliers contre cette terre ingrate et de vous écrier : *Curavimus Babylonem et non est sanata ;* nous avons essayé de sauver ce pays et il ne l'a point voulu ; abandonnons-le donc, puisque aussi bien la mesure de ses iniquités est montée jusqu'au ciel : *Derelinquamus eam... quoniam pervenit usque ad cælos judicium ejus* (1) ?

Assurément il n'est point de cause humaine qui ne fût compromise dans de pareilles conditions ; et pourtant nous ne sommes qu'au début des oppositions qui se dressent à l'encontre de Jésus-Christ.

Une faute irrémissible, aux yeux de notre siècle, c'est qu'il ait appartenu au passé. On voit en lui l'homme de la

____
(1) Jérém. LI, 9.

veille, le Christ d'hier, *Christus heri*, non point une vivante actualité, ni un Sauveur qui convienne à l'heure présente. Comme si le temps, épreuve suprême de ce qui est périssable, n'apportait pas, au contraire, un suprême témoignage à ce qui lui résiste! Comme si la main qui détruit ici-bas toute œuvre mortelle, ne gravait pas un signe divin sur celles qu'elle n'a pu entamer! N'importe; le Christ ne date pas de 89, c'en est assez pour qu'il soit condamné d'avance. « Il faut tout croire, disait-on déjà avant cette époque, excepté ce que nos pères ont cru (1). » Ce cri depuis lors n'a pas cessé; il exprime la disposition de ces esprits innombrables qui sont prêts à tout accepter, hors ce qui leur semble rappeler un passé qu'ils ignorent et qu'ils détestent.

Ce Christ dont vous nous parlez, ne se confond-il pas avec l'*ancien régime?* S'il sort de son tombeau, ne voyez-vous pas tout un ensemble d'idées, d'institutions, ou plutôt d'abus, qui vont aussitôt ressusciter avec lui? Ce que nous avons renversé, il en est l'expression; il représente, dans sa personne et dans ses adhérents, tout ce dont le monde ne veut plus.

Objection banale, j'en conviens. Mais ne croyez pas, Messieurs, que son crédit soit limité à ces couches inférieures où elle n'avance qu'avec son cortége obligé de déclamations contre la dîme et les droits féodaux, avec ses protestations contre je ne sais quelle théocratie, dont elle agite le spectre, dont elle évoque dans l'ombre une fantastique et menaçante apparition.

Les hommes un peu éclairés ne peuvent que rire de ces crédules épouvantes, car ils savent à quoi s'en tenir sur les

---

(1) Lacretelle. *Hist. de la Révolution.*

faits historiques qu'on dénonce, comme aussi sur la prétendue solidarité entre le Christ et plusieurs des institutions d'autrefois. Mais s'ils ne partagent point l'erreur, ne chercheront-ils jamais à l'exploiter? Est-il sans exemple qu'une élection ait réussi, qu'un parti ait grossi ses rangs par suite des mystifications d'une foule qu'on abuse ou qu'on fanatise? Malheur à ceux qui spéculent sur la crédulité des masses et fondent leur triomphe sur une duperie publique! Ceux-là doivent s'attendre à un terrible lendemain où le jeu déloyal qu'ils ont joué tournera contre eux et deviendra l'instrument de leur ruine.

Mais ces préjugés ne hantent pas seulement l'esprit du vulgaire. A tous on répète que le catholicisme n'est plus de saison et que ses vieux dogmes sont en contradiction avec les besoins des générations contemporaines.

C'est à qui fera ressortir l'antagonisme flagrant qui existe entre les croyances chrétiennes et les principes sur lesquels on voudrait asseoir les sociétés de l'avenir. Vainement vous ramenez à l'expérience; vainement vous invoquez les faits et vous en tirez les plus éclatantes démonstrations; vos réponses viendront se heurter contre une opinion générale, que la presse a faite et qu'il semble comme impossible de détruire. Pour les meneurs de notre temps, le Christ n'est plus dans cet âge de la force et de la maturité où l'homme jouit de tous ses avantages; ils le croient affaibli, frappé de caducité, ce n'est point de lui qu'ils attendent la régénération et le salut.

Messieurs, ceux qui parlent ainsi ne connaissent pas l'éternelle jeunesse du Christ que nous adorons. Ils n'ont contemplé ni sa divinité qui n'est d'aucune époque, ni même son humanité qui correspond à toutes. Personne n'est moins particulier, moins cantonné dans une période spéciale et restreinte. Tandis que chacun de nous est de son temps, le Christ est à la fois de tous les siècles.

Il ne porte ni cachet juif, ni stigmate romain. Sa doctrine n'a ni âge, ni patrie, parce qu'elle appartient également à toutes les contrées et à tous les âges. C'est la règle universelle, la loi de l'humanité; aussi s'exprime-t-elle dans une langue qui, comme celle de la création elle-même, est entendue sous tous les cieux et dans tous les idiomes.

Voyez les comparaisons de l'Evangile, voyez ce vêtement de paraboles qui recouvre l'enseignement divin ; rien qui sente le terroir de Judée, rien qui rappelle le cadre étroit de la Palestine ou les limites plus étroites encore d'une de ses provinces. Paraissant aujourd'hui au milieu de nous, le Christ n'aurait pas un mot à changer à son discours, il ne devrait ni modifier son ton, ni rajeunir les grâces naïves de sa simple et inimitable éloquence. C'est qu'il vise bien au-delà de ce fleuve qu'il côtoie et de ces montagnes qui l'entourent. Où qu'il soit, le monde entier lui est présent; et de la petite barque qui flotte sur le lac de Génésareth, il a tous les siècles et tous les peuples pour auditoire.

O vous qui essayez d'imprimer au front du Christ ce signe d'un passé qui n'est plus, de grâce, montrez-moi le livre que vous allez substituer à l'Evangile. Est-ce le code pénal, qui suppléera les *Béatitudes?* Sont-ce vos lois civiles qui nous tiendront lieu du *Discours sur la montagne?* S'il en est ainsi, Dieu nous garde de votre progrès, qui met la légalité à la place de la vertu et le gendarme à la place de la conscience! Ce passé que vous méprisez tant, conservait notre dignité naturelle et vous la méprisez; alors l'homme était du moins un être moral, pour vous il ne sera plus qu'une fonction ou une machine.

Je ne prétends point que l'œuvre de nos législateurs soit inutile, mais je voudrais encore moins qu'en la regardât comme suffisante.

Ce que l'Evangile prescrit est pour tous, parce que dans ce livre, maître et disciple n'appartiennent ni à tel point de l'horizon, ni à tel instant de la durée. Vos règlements, au contraire, vos constitutions, quand vous en faites, sont subordonnées au milieu social, à la forme du gouvernement, aux habitndes des populations et à leurs idées du moment. Le code divin, c'est la morale immuable; le code humain, ce sont des applications plus ou moins heureuses de cette morale, qui doivent s'accommoder aux temps et aux personnes. L'un a pour lui l'unité, l'autre, la variété; le premier est la lumière fournie par le Créateur, elle n'a point vieilli depuis l'origine; le second est la lumière inventée par la créature, elle a tous les jours besoin d'être renouvelée.

Vous dites : Le Christ est d'hier. Eh bien! oui, Messieurs, il en est d'hier comme le soleil. Il est d'hier comme la raison et comme la vérité. Quand vous pourrez répudier l'astre du jour parce qu'il est trop vieux, renoncer à l'intelligence parce que vos pères en ont usé, alors peut-être vous serez bien venus à reprocher au Christ de s'être levé avant vous et d'avoir éclairé tout homme venant en ce monde.

Encore une difficulté, Messieurs. Si notre Christ était un homme de taille ordinaire, sans doute il serait plus facilement accepté. Mais dans les traits de cette physionomie semblable à la nôtre, apercevoir le rayonnement à demi-voilé d'une nature supérieure ; dans cette parole reconnaître l'accent du Verbe ; dans ces actes et dans ces démarches adorer la puissance et la sagesse même d'un Dieu, voilà ce qui répugne à l'orgueil de notre siècle. Il aime mieux nier ou défigurer que d'être obligé de fléchir le genou. Les hauteurs où se place le christianisme offusquent la raison moderne et elle entreprend de l'en faire descendre.

Certes, ce n'est pas d'aujourd'hui que le feu est ouvert contre cette position élevée qu'a prise notre religion. Mais il faut avouer que jamais le siége de nos dogmes n'avait été entrepris avec la même ardeur, ni conduit avec la même persistance. Tout l'attirail de guerre des sophistes, tous les arsenaux des ennemis de la foi ont été mis à contribution ; toutefois, à d'autres temps d'autres armes : l'outillage vieilli était remis à neuf ; tous les jours c'étaient de nouvelles pièces qui entraient en ligne ; la critique historique, la géologie, les sciences naturelles faisaient avancer leurs réserves et déployaient par moments une formidable artillerie.

Qu'est-il résulté de tous ces efforts ? Une seule brèche a-t-elle pu être pratiquée dans ces fortes murailles derrière lesquelles notre religion s'abrite ?

Regardez, Messieurs ; tout est debout comme auparavant ; pas une de nos assertions qui soit tombée sous ces attaques ; pas une des vérités enseignées par nous qui ait été ébranlée.

Mais vous ne l'ignorez pas, les vaincus se vengent souvent de leur échec en faisant proclamer un triomphe imaginaire. La presse antichrétienne a ses agences et ses messagers qui colportent partout, comme un fait accompli, la défaite du surnaturel. C'est, nous dit-on, une cause perdue ; et ses derniers défenseurs s'obstinent en vain à garder une position impossible. A peine reste-t-il au Christ quelques vieux débris, prêts à s'écrouler au premier jour. Et c'est sur ces pans de murailles minés, chancelants, qu'on voudrait vous inviter à aller le rejoindre !

Quant à eux, ils se sont retranchés derrière d'imprenables remparts, qui sont ceux de la science. La science qui ne construit que sur le terrain des faits et avec le granit de l'expérience. La science qui succède aux croyances antiques comme le jour succède à la nuit. Car la foi, c'était l'obscurité, le mystère ; tandis que la science porte en main un flambeau qui dissipe peu à peu ces ténèbres et qui éclaire les objets restés dans l'ombre ; tout s'illumine à son approche ; tout est soumis à son regard scrutateur ; et ce qu'on voudrait lui dérober ne saurait être décidément qu'une importation frauduleuse.

Si votre Christ, ajoutent-ils, a la prétention de pénétrer dans nos convictions, que ne vient-il par la grande porte du libre examen, que ne se soumet-il, comme tout le reste, au contrôle de l'investigation scientifique ? C'est là que la raison moderne l'attend ; car pour ce qui est de ces avenues dérobées par lesquelles se glissait autrefois la superstition, sachez que le progrès de l'esprit positif les tient irrévocablement fermées et que la science y fait bonne garde.

Hommes si fiers et si vigilants, êtes-vous sûrs des sentinelles que vous avez postées ? Quand est-ce, au contraire, que l'erreur a circulé plus librement ? Quand est-ce que les esprits ont été moins défendus et qu'on les a trouvés plus

accessibles aux fables ridicules, aux pratiques supersti-
tieuses? Vous avez prétendu barrer le passage au vrai surnaturel; les hommes se sont jetés au devant d'un merveilleux de contrebande. Nous avons vu revenir, par je ne sais
quels chemins tortueux, des pratiques, des évocations que
l'on croyait ensevelies à jamais avec les folles doctrines qui
les avait engendrées. Et la foule courait avidement à ces
spectacles; et ceux qui lui promettaient un commerce équivoque avec un monde inconnu, avaient plus de vogue que
vous-mêmes dans vos académies de scepticisme.

Non, Messieurs, notre surnaturel à nous ne craint point
le grand jour. Jésus-Christ ne vient point frapper à une
porte secrète; c'est en plein midi qu'il se présente; c'est en
provoquant un libre et consciencieux examen qu'il compte
passer; et bien loin d'avoir peur de ces investigations qu'on
demande à lui faire subir, c'est, au contraire, sur elles qu'il
fonde l'espoir de vous convaincre, pourvu que vous y pro-
cédiez avec sincérité et droiture.

On parle de contrôle; est-ce que par hasard le contrôle
a fait défaut dans la matière qui nous occupe? Tout derniè-
ment encore, quel travail d'hercule n'a pas entrepris la
science allemande pour rapetisser le Christ et le ramener
à des proportions vulgaires. Je ne parle pas de la critique
française parce qu'elle n'a guère été qu'une copie servile de
celle d'Outre-Rhin; un jour, pourtant, elle aussi s'est donné
carrière; elle a recomposé l'histoire à sa façon, corrigé,
expliqué, mutilé, comme elle l'a voulu, le récit évangélique.
Rien ne gênait ces écrivains, pas même l'amour de la vérité; rien ne pouvait les préoccuper, pas même le soin de
garder quelque bienséance.

Eh bien ! dites-moi, qu'en est-il résulté? Ils nous ont fait un Christ, il est vrai, un Christ dépouillé de tout élément surnaturel, mais en même temps beaucoup plus inexplicable que le Christ historique; ils nous ont peint une figure à laquelle ils enlevaient l'auréole du merveilleux, mais qui, par là même, prenait un caractère tellement invraisemblable qu'aucun esprit sérieux ne pouvait y croire. En repoussant quelques miracles isolés, ils tombaient dans le prodige perpétuel; et pour que le Fils de Marie ne dépassât pas l'ordre humain, il fallait que l'humanité tout entière sortît des lois de la nature. Ah! je ne m'étonne pas que plusieurs incrédules soient devenus croyants en lisant ces livres; légende pour légende, celle de la tradition est plus acceptable que la leur; et le récit des écrivains inspirés paraît mille fois plus facile à admettre que celui qui le corrige.

Pourtant, Messieurs, il nous faut choisir. Les deux versions sont là et toutes deux ont la prétention d'être l'histoire; cette histoire, plus éclairée qu'aucune autre par le témoignage humain, a, en même temps, le privilége d'entraîner après elle les plus sérieuses conséquences. Point de milieu : Ou le Christ de l'Évangile, avec son caractère surnaturel, avec sa divinité acclamée par toutes les générations et saluée par tous les peuples; ou le Christ de la critique athée, de la raison incroyante, avec ses antinomies et ses éternelles contradictions, idole impossible d'une humanité stupide et hallucinée non pendant trente-trois ans, mais pendant dix-huit siècles.

II

Je ne sais, Messieurs, si je tiens ma promesse. Nous devions chercher ensemble en Jésus-Christ des causes d'infériorité, et nous n'arrivons qu'à constater des chances de succès. Supposez, en effet, qu'il se présentât à vous avec la protection des puissants de la terre, la foule y courrait sans doute, parce qu'il est rare qu'elle ne suive pas la fortune ; mais ne se rencontrerait-il point ici de ces consciences chatouilleuses au point de vue de leur liberté, susceptibles sur la question de foi, qui s'imagineraient qu'on veut forcer leur consentement et se plaindraient bien haut qu'on leur impose des croyances? Ce n'est pas apparemment ce scrupule qui peut aujourd'hui les arrêter : quand elles se rendent à la vérité, nulle pression n'est intervenue et leur adhésion est un acte de pleine indépendance.

Le Christ n'est pas né de nos jours. Mais dirons-nous que c'est un malheur de montrer derrière soi un passé glorieux, d'avoir par exemple fait la France, en la dotant d'une gloire sans égale, en portant jusqu'aux extrémités du monde le renom de sa foi comme de son courage? De pareils précédents, Messieurs, sont-ils une faiblesse et non pas plutôt une force? Qui se présente avec ces états de services, doit-il s'attendre à des rebuts ou doit-il compter sur une popularité certaine?

Et quand même, après cela, on s'appellerait le surnaturel, un surnaturel dont l'histoire est remplie, tellement qu'on ne l'en saurait arracher sans qu'elle devienne aussitôt une inextricable énigme; pensez-vous qu'il y ait là une raison suffisante pour être mis de côté par les hommes sérieux, et faudra-t-il regarder une telle cause comme entièrement désespérée?

Il me semble que le Christ a le droit de dire comme son

disciple : Quand je parais faible, c'est alors, au contraire, que je suis fort. *Cum infirmor tunc potens sum* (1). Ce qui amoindrirait les autres me grandit; ce qui semble jeter sur moi la défaveur va devenir entre mes mains un gage et un instrument de victoire.

Toutefois, Messieurs, quand il s'agit de soulever cette masse inerte de notre indifférence; quand il faut mouvoir ce poids de préjugés sous lequel nos croyances restent étouffées et ensevelies, ce n'est pas assez d'être en possession d'un levier puissant, il n'est pas moins nécessaire de trouver un point d'appui. Ce point d'appui que cherchait vainement Archimède pour ébranler l'univers matériel, Jésus-Christ le rencontrera-t-il pour remuer le monde moral?

A première vue, rien de plus impossible. Nos mœurs sont si étrangères à la religion, l'humanité contemporaine paraît si disposée à se passer de Dieu, qu'on se demande souvent par quel endroit on pourrait la ressaisir et la rattacher à lui.

Vainement vous faites le tour d'un grand nombre d'âmes, nulle part vous ne trouvez la pierre d'attente dont on aurait besoin pour construire l'édifice de la foi. En vain vous jetez la sonde dans cet océan de pensées futiles où s'agite, où se noie l'esprit des multitudes, aucun fond ne se révèle et l'on ne sait où poser l'ancre qui fixerait leur mobilité ou leur insouciance.

Cependant, Messieurs, en dehors de cette couche légère des idées qui alimentent la curiosité publique, vous en trouverez une autre, qui va s'affermissant peu à peu et qui, sans avoir encore la consistance des vrais principes, peut néan-

____
(1) II Cor. xii, 10.

moins offrir une base provisoire sur laquelle opérera l'apostolat chrétien.

Déjà les fondations sont creusées, déjà un vide profond s'est produit, grâce à la lassitude des âmes.

Notre siècle est un siècle fatigué, auquel des déceptions sans nombre ont enlevé, une à une, la plupart de ses illusions. Autant de systèmes il avait caressés, autant il a vu s'évanouir de fantômes et se dissiper de chimères. Ving fois nous avons mis au concours la question du progrès social et de la transformation de l'humanité. Les prétendants affluaient de toute part, chacun apportant sa théorie, chacun nous vantant une découverte qui devait renouveler la face du monde. De déclamations pompeuses, il n'en manquait point pour les soutenir; et comme d'habitude, tout charlatan faisait foule; il avait son public qui croyait bonnement au spécifique proposé et s'imaginait être en possession d'une panacée universelle.

Que de fois de l'utopie on a passé à l'exécution? Quelles sommes d'argent et d'activité ne se sont point englouties dans ces téméraires entreprises! Depuis les rêves de Saint-Simon et le roman du phalanstère, jusqu'à l'essai coûteux des Ateliers nationaux; depuis le délire sanglant de la Commune, jusqu'au projet aujourd'hui chèrement caressé de l'instruction gratuite et obligatoire, que d'écoles faites par nous et contre nous! Que de rénovations promises à la société qui n'ont abouti qu'à des désastres! Après chaque tentative infructueuse, le pauvre malade se retournait d'un autre côté et mendiait un autre secours. L'espoir est si doux quand on souffre! Le remède qu'on n'a pas encore essayé ne va-t-il point être le meilleur? On vante son efficacité, on n'hésite pas à le déclarer infaillible. Et les crédules étaient là pour affirmer. Et les intéressés accouraient pour applaudir. Aujourd'hui encore même conduite, même langage. Ne voyez-vous pas, nous crie-t-on, que le navire a trouvé sa voie? L'organisation matérielle lui suffit; que ne le laissez-vous se remettre à flot et voguer à pleines voiles vers le rivage.

Cependant, Messieurs, à force de désenchantements, il est des yeux qui se désillent et il ne manque pas d'hommes qui se prennent enfin à réfléchir. La lassitude qui engendre chez quelques-uns l'abattement, fait luire pour les autres une vive lumière. Presque dans tous les esprits elle amène une disposition favorable au christianisme.

Comment, en effet, ne pas se sentir au cœur un profond dégoût des tristes expériences que nous avons faites? Comment ne pas nous défier de ces paroles creuses et sonores sous lesquelles ne se cache que le mensonge? Pour courir de nouvelles aventures, il est trop tard; et, Messieurs, c'est surtout dans l'ordre moral qu'il est vrai de dire qu'il n'y a plus une faute à commettre.

Pauvre France, qu'on a traitée comme un sujet d'expérimentation, et sur laquelle des praticiens ignorants sont venus, à tour de rôle, tenter les opérations les plus douloureuses, comprendra-t-elle enfin qu'on ne gagne rien à se lancer dans l'inconnu et qu'il faut, sous peine de mort, revenir au remède qui a fait ses preuves? Un seul médecin peut la guérir, celui qui a soigné son enfance et sa jeunesse, celui qui l'a tirée plus d'une fois de situations désespérées où elle devait périr. Le jour approche où, de guerre lasse, elle viendra encore se jeter à ses pieds et le prier de ranimer en elle, par son souffle divin, la dernière étincelle de vie.

Un autre point d'appui qui s'offre à notre Christ, c'est le besoin de foi de plus en plus vivement éprouvé. Il est bien vrai que depuis la fin du siècle dernier jusqu'à ce jour, on n'a cessé de proclamer partout une doctrine inouïe dans les annales des peuples, je veux dire ce prétendu dogme, inventé de notre temps, que l'homme se suffit à lui-même. C'était peu de lui couper toute communication avec un monde supérieur ; on entreprend encore de lui persuader que si ces issues n'existent pas, c'est qu'il n'en a que faire. Ne rien chercher au-dessus de soi, se renfermer dans les limites de sa nature et ne compter que sur ses propres ressources, voilà son devoir, voilà sa devise. Hors de là tout est illusion et ne saurait fixer l'attention d'un esprit sérieux.

Ainsi des docteurs fort écoutés de notre siècle entreprennent tout simplement de supprimer en nous ce qu'ils appellent eux-mêmes le *sentiment religieux* ; ils nous traitent comme si nous étions de ces âmes *estropiées* dont parle Platon, auxquelles manque totalement le sens du divin.

Mais, Messieurs, ont-ils réfléchi à l'énormité de cette tentative ? Vous vous flattez, leur dirai-je, d'étudier l'homme ; de grâce, ne commencez pas par le couper en deux et par lui retrancher la principale partie de son être. De tout temps on a reconnu que sa supériorité tient à ses relations avec le monde invisible ; aujourd'hui les naturalistes les plus autorisés assignent comme différence spécifique entre lui et les races inférieures, ce qu'ils nomment la *religiosité*, c'est-à-dire, la notion des choses divines. Telle est, en effet, sa note dominante, c'est sur ce diapazon que sont montées ses puissantes facultés, et cette tonalité se retrouve dans toutes les vibrations principales de notre nature.

Par exemple, Messieurs, vos aspirations, vos rêves de bonheur, ce que vous appelez parfois vos amours, pensez-vous qu'ils ne renferment rien que de terrestre? N'y sentez-vous pas cet instinct divinatoire, qui va tout droit vers l'infini, alors même qu'on le fausse ou qu'on le trompe sur sa véritable portée? Vous avez cru céder à un entraînement tout humain, tandis que vous subissiez, à votre insu, une fascination bien autrement irrésistible. Ce qui vous séduit, c'est l'idéal; ce que vous aimez c'est une perfection dont vous dotez à tort un être incomplet, que sais-je? peut-être un être indigne, mais en qui s'incarne néanmoins pour vous tout ce que votre esprit contient de notions supérieures, tout ce que votre âme pressent de charmes invisibles. Et cela est si vrai que dans votre enivrement, vous parlez de divinité, de culte, de sacrifices, d'adorations; les superlatifs de la langue ne vous suffisent plus, il faut avoir recours au vocabulaire sacré et emprunter, l'un après l'autre, des termes dont l'usage devait être exclusivement religieux.

Au contraire, le charme est-il rompu, les lacunes, les défauts ont-ils apparu dans cette image un instant trans-figurée, alors, Messieurs, c'est la déception qui se fait, c'est le dégoût qui commence, et si ce n'est pas toujours la pas-sion qui s'en va, ce sera du moins la tristesse avec son cortège de découragement, qui entrera dans votre vie. Ce que je dis là n'est étranger pour aucun de vous; quiconque ne com-prendrait pas ces choses, c'est qu'il n'entendrait rien au mystère de notre existence.

Eh! bien, Messieurs, s'il est vrai que le signe de notre grandeur se retrouve ainsi jusque dans nos défaillances, d'où vient aux sophistes de notre temps le triste courage d'en découronner même les sommets de notre pensée? Chercheur infatigable, l'homme n'a jamais pu se déprendre de la poursuite de l'infini; ses temples, ses autels érigés sous toutes les formes et dans tous les pays le montrent assez; et si la religion est partout dans l'histoire des peuples, elle occupe également, dans votre histoire personnelle, une place qu'il n'est pas en votre pouvoir de lui enlever entièrement. Jusque dans ce siècle incrédule, quelles sont les questions les plus agitées, celles qui passionnent le plus, celles qui divisent davantage? Si l'invisible n'est qu'un vain fantôme, pourquoi cette ardeur à le poursuivre et pourquoi cet acharnement à s'en défaire? Bon gré, mal gré, vous vous occupez de lui. Vos annalistes en parlent, vos philosophes et vos politiques en discutent, vos poëtes eux-mêmes ont-ils eu parfois le don de nous émouvoir, c'est lorsque leur âme répondant à la nôtre, célébrait cet objet mystérieux et chéri dont l'absence et le voisinage nous tourmentent également; trop connu pour n'être pas désiré, trop ignoré pour nous pouvoir satisfaire; qui est partout et ne se trouve nulle part; que le monde où nous habitons ne saurait fournir et dont pourtant il est si plein qu'il ne peut, en quelque sorte, nous entretenir d'autre chose. Attendez-vous que la nature se taise ou que l'humanité se déprenne de son suprême espoir?

Vous qui supprimez ces perspectives, vous qui nous enfermez dans l'étroite prison des choses sensibles et nous défendez d'en sortir par un seul battement de notre cœur, savez-vous quel pourrait être votre plus horrible châtiment? Ce serait d'être réduit, pour votre compte, à la mesure que vous voulez imposer aux autres. Privés de toute cette lumière qui nous vient du foyer supérieur, vous n'auriez plus ni élan, ni idéal, vous ne seriez plus capable ni de vertu, ni de certitude, que dis-je, vous n'auriez pas même une simple pensée ; car, ne vous y trompez pas, le reflet de l'infini entre pour beaucoup dans toutes ces choses. Vivez donc sans lui, si vous pouvez ; ce sera vivre sans vous-même, et par le fait qu'il n'éclairera plus votre esprit, vous cesserez d'être des hommes.

« L'incrédulité, a dit un philosophe peu suspect, est le plus grand effort que l'homme puisse faire contre son propre instinct et contre son propre goût (1). » Aussi pèse-t-elle d'un insupportable poids sur les intelligences. Oui, Messieurs, le fardeau du doute est bien plus lourd à porter que celui de la foi ; il fait plus nuit dans cet abîme creusé par le renoncement aux croyances que dans le domaine à moitié obscur des vérités chrétiennes. En dépit de l'opinion, les rôles sont renversés. C'est nous qui sommes au large dans notre adhésion au Christ, et c'est vous qui étouffez dans les étreintes de vos négations ou de votre défiance.

On commence à s'en apercevoir. Fatigués de traîner le joug, bon nombre d'hommes tournent leurs yeux vers le point de l'horizon par où le libérateur pourrait venir, ils attendent impatiemment le jour et d'avance ils en saluent l'aurore. Levez-vous donc enfin à leurs yeux, vous que l'Écriture appelle d'un nom plein d'espérance, *Oriens*, Orient, astre du matin, qui sortez glorieux de votre couche et vous .

(1) Galiani.

élancez comme un géant dans la carrière : *Exultavit ut gigas ad currendam viam.* Hélas! les ténèbres se font épaisses, les esprits sont plongés dans de tristes brouillards; frayez-vous un chemin lumineux, allez d'un pôle à l'autre *a summo cœlo... usque ad summum ejus* dans ces cieux troublés de l'humanité contemporaine; que personne ne puisse fuir vos clartés éblouissantes, et que pas un seul ne se dérobe à vos bienfaisantes chaleurs: *nec est qui se abscondat a calore ejus* (1).

C'est en vain que j'essaye de séparer dans mon discours des choses intimement liées ensemble dans la réalité. Ici-bas presque en toute foi on trouve un commencement d'amour, et de même il n'y a point d'amour qui ne renferme un certain degré de foi. Cette foi est souvent trompée, parce que la correspondance des âmes n'existe pas. « Quelle harmonie peut-il y avoir, a dit un de nos poëtes, quand il manque des touches à l'instrument? (2) » Et ce ne sont pas seulement des touches qui manquent; l'instrument rend un son faux, il n'est pas d'accord avec lui-même. On a beau faire effort pour se persuader qu'il sonne juste, l'oreille intérieure constate à chaque instant des notes discordantes. Pauvre cœur humain, cithare merveilleuse de la nature et de Dieu, qui voudrait chanter d'accord avec ce qui l'entoure et associer aux affections dont il surabonde la nature toute entière; il lui semble que son hymne n'est pas compris, que toutes les voix de la création détonnent, que des bruits confus et tumultueux viennent sans cesse troubler le concert. Il cherche un écho qu'il ne rencontre pas ; rien qui soit en rapport avec ses sentiments,

____

(1) Ps. xviii. 5-7. — (2) Alfred de Musset.

rien qui se mette à l'unisson de ses pensées. C'est cet isolement qui le fatigue et qui l'épuise. « Qui ne sent, s'écriait Maine de Biran, ce besoin d'un point d'appui vital, de cette ancre destinée à fixer la machine intellectuelle? » « Qui ne trouve en soi, ajoutait une femme célèbre, cette force qui n'a pas d'emploi en ce monde?(1) » Plus une âme est élevée, plus elle sent sa solitude; la foule qui l'enveloppe la laisse dans un désert dont l'immensité devient son tourment.

Et il y a ici, Messieurs, une double impossibilité. Impossibilité de se soustraire au besoin dont je parle, parce qu'il est de l'essence même de l'homme et qu'il fait le fond de sa nature. Impossibilité de le saturer avec des amours humains, parce qu'aucun d'entre eux ne saurait l'apaiser ni lui suffire. De là un malaise, un ennui, qui deviennent un appel à la religion. De là un vide de l'âme aimante, qui constitue en elle comme une *préparation évangélique*. C'est sa prophétie, et si vous l'entendez, elle annonce le Christ, elle voudrait hâter son arrivée. Les jours de l'attente s'écoulent longs comme des siècles, pleins de gémissements qu'on dissimule en vaines joies, et de soupirs qu'on cherche à étouffer dans le bruit des fêtes. Heureux l'Israel qui a gardé sa foi et à qui il sera donné de contempler son Sauveur! Mais il en est un autre qui ne l'espère plus, qui en a détourné sa pensée, qui a perdu ses oracles et ne se souvient plus des antiques promesses. Cet Israel, c'est vous peut-être; de grâce, lisez mieux dans votre cœur, interprêtez ses vœux, ses besoins, ne les condamnez pas à une éternelle et irrémédiable attente.

Nous cherchions le point d'appui, le voilà; ici est cachée

(1) Mme Swetchine.

la principale force du Christ : *Ibi abscondita est fortitudo ejus* (1). Vainqueur glorieux, ce n'est point par la violence qu'il triomphe, mais par les sympathies qu'il inspire. Les flèches qu'il lance sont puissantes parce que c'est toujours au cœur qu'il vise, même quand il s'agit d'ennemis obstinés, *sagittæ tuæ acutæ... in corda inimicorum Regis* (2). Oui, à ces cœurs agités par l'inquiétude, désespérés par les déceptions, tourmentés surtout par le vide qu'ils rencontrent autour d'eux et en eux-mêmes, le Christ décoche un trait ardent dont ils sentent tôt ou tard l'atteinte, et qui guérit par la blessure même qu'il a faite.

Après qu'on a vainement cherché où fixer ses affections, un jour, sur le soir de la vie peut-être, une sorte de soupçon de la vérité traverse l'esprit ; faible rayon à peine remarqué tout d'abord, auquel on n'ose croire et que l'on prend pour une illusion nouvelle; peu à peu le jour augmente, la révélation se fait plus complète ; on regarde et l'on s'étonne de n'avoir pas compris plutôt, et c'est alors que du fond des entrailles émues s'échappe ce cri d'Augustin où l'on ne sait ce qui domine, des regrets du passé ou des joies du présent : *Sero te cognovi, sero te amavi.* O vérité pourquoi vous ai-je connu si tard? O amour pourquoi ai-je été si longtemps sans vous goûter? Ne craignez rien, la rencontre, pour avoir été différée, n'en sera que plus touchante. Les embrassements, pour s'être fait attendre, n'en seront que plus délicieux.

Je vous ai dit, Messieurs, les chances opposées que le

(1) Hab., III, 4.
(2) Ps. vxix, 4.

règne du Christ rencontre parmi nous. En présence de ce
double tableau, nous sera-t-il permis de hasarder une con-
jecture et de tirer un présage? De ces faiblesses que nous
avons énumérées et de ces forces que nous avons reconnues
qu'est-ce qui l'emportera? qu'est-ce qui décidera de nos
destinées? L'absence d'appui officiel pour protéger le christianisme empêchera-t-elle la lassitude des âmes de nous
ramener à lui? Notre éloignement instinctif pour tout ce
qui rappelle le passé sera-t-il plus fort que le besoin que
nous avons de croire? Nos répulsions insensées pour le surnaturel feront-elles taire en nous le cri d'un amour supérieur?

J'ignore les desseins de Dieu, mais s'il ne m'est point
donné de déchirer le voile qui recouvre le mystère de
l'avenir, du moins il me sera bien permis d'exprimer un
vœu et de formuler une espérance.

O Christ, m'écrirai-je, s'il devait jamais arriver que les
forces s'équilibrent et si le résultat demeurait incertain, de
grâce, ajoutez quelque chose au plateau de la balance qui
porte notre salut. Mettez-y, non cette épée que, le prophète
voyait pendue à votre flanc et qu'il appelait toute puissante;
mais mettez-y plutôt ces charmes, cette amabilité, cette grâce
qui donnent à votre personne des attraits irrésistibles :
Specie tua et pulchritudine tua intende. C'est avec ces armes
mieux trempées que toute autre que vous entrez en campagne; elles ne vous promettent que des succès, elles ne
peuvent qu'assurer votre règne sur les âmes : *Prospere pro-
cede et regna.*

Et ce règne n'est point celui de la contrainte, mais bien
celui de la mansuétude; et ce règne n'est point celui du

mensonge ou de l'injustice, mais bien celui de l'équité et de la vérité : *Propter veritatem et mansuetudinem et justitiam.* Si votre main s'empare de nous, elle nous conduira dans les sentiers de l'honneur et du devoir; elle nous rendra la grandeur que nous avons perdue, et de nouveau nous fera accomplir dans le monde d'éclatantes merveilles : *Et deducet te mirabiliter dextera tua* (1). La France sans le Christ a bien pu être vaincue; rien ne résistera jamais au Christ marchant au combat avec la France.

(1) Ps. XLIV, 5, 6.

(*Reproduction intégrale interdite sans autorisation des éditeurs.*)

PARIS. — E. DE SOYE ET FILS, IMPR., 5, PL. DU PANTHÉON.

CONFÉRENCES

DE

NOTRE-DAME DE PARIS

AVENT 1872

PAR LE R. P. MATIGNON

DE LA COMPAGNIE DE JÉSUS

JÉSUS-CHRIST ET LA FRANCE

Troisième Conférence

JÉSUS-CHRIST, LES FAITS QUI LE RÉVÈLENT

PARIS

A JOUBY ET ROGER, ÉDITEURS

7, rue des Grands-Augustins, 7

CONFÉRENCES DE NOTRE-DAME

JÉSUS-CHRIST, LES FAITS QUI LE RÉVÈLENT

Messeigneurs, (1).
Messieurs,

Je vous ai signalé les différentes barrières qui menacent d'arrêter la foi au Christ, lorsqu'elle essaie de pénétrer dans l'esprit de nos contemporains. Tout d'abord sa marche est souvent gênée, parce qu'elle n'a plus le *visa* de l'autorité publique, qui lui servait autrefois de sauf-conduit; ce n'est plus avec un caractère officiel qu'elle se présente; que dis-je, la loi lui dispute pied à pied le terrain et lui conteste des droits qu'il est pourtant impossible de méconnaître.

Ce premier obstacle est-il franchi, surviennent de prétendus défenseurs des idées, des institutions modernes, qui la regardent d'un air soupçonneux, qui la croient mêlée à

(1) Mgr Guibert, archevêque de Paris, et Mgr de Marguerye, évêque d'Autun.

je ne sais quelles conspirations contre l'ordre de choses établi; sous prétexte qu'elle est d'un autre temps, la voilà de nouveau en butte à toutes les suspicions, et plus d'une fois on lui refuse le passage. Enfin, eût-elle vaincu ces préjugés, quand on lui demandera qui elle est, quand il lui faudra assigner son objet propre, à savoir le surnaturel; de nouvelles réclamations s'élèveront sans doute, et l'on pourrait craindre que toutes les portes ne lui soient définitivement fermées. Pour triompher de ces oppositions, ce n'est pas trop des intelligences secrètes qu'elle rencontre dans la lassitude des âmes et dans les besoins impérieux qui les travaillent.

Telles sont les difficultés dont la foi chrétienne voit sa route hérissée. En les énumérant, n'ai-je pas omis d'en rappeler une qui, de toutes, sera peut-être la plus insurmontable?

Non-seulement, en effet, le Christ s'élève au-dessus de l'ordre humain et terrestre; mais encore il est complètement inaccessible à nos regards. C'est peu pour lui d'être le surnaturel, il faut encore qu'il soit l'invisible.

Or, il y a un fait d'expérience, auquel le bon sens populaire a donné une expression proverbiale. Les absents ont tort; et ce qui ne se montre plus aux yeux risque d'être bientôt, par là même, éloigné du cœur. Si le Christ s'obstine à demeurer caché, comment pourra-t-il éviter l'oubli, comment se flatterait-il d'échapper à l'indifférence?

Il y avait seulement quelques jours que Moïse avait disparu dans la nuée, tandis qu'il traitait face à face avec le Seigneur sur la montagne. Cette courte absence avait suffi pour qu'Israël abdiquât son Dieu et réclamât à grands cris une idole semblable à celles d'Égypte. Il lui fallait une divinité qui tombât sous ses sens; celle qu'on ne pouvait ni voir ni toucher était pour lui non avenue.

Voilà bien encore les dispositions de nos contemporains.
Ils ne veulent que des réalités sensibles et palpables. L'observation, l'expérience sont, à leurs yeux, les seuls témoins
dignes de foi, les seuls dont la déposition soit recevable.
Quant à entrer dans cette voie obscure où l'on croit ce qu'on
n'aperçoit pas, où l'on adhère à ce qu'on n'a point vu, c'est
à quoi il ne semble pas qu'ils puissent jamais se résoudre.

A ces hommes, de quelque école qu'ils se recomman-
dent, je n'ai que deux questions à faire :

Admettent-ils l'histoire et croient-ils à leur propre pensée?

Si positive que puisse être leur méthode, si exclusivement expérimentale que soit leur science, il y a pour eux,
comme pour tous, deux moyens de connaître, à savoir le
fait intérieur, et le fait extérieur. Je n'en demande pas davantage. Car ces deux faits révèlent le Christ et le placent
dans un jour que rien ne saurait obscurcir.

En sorte, qu'on peut nous répéter la même parole que
Jean-Baptiste disait aux Juifs, en leur reprochant leur incrédulité : Il y en a un au milieu de vous, que vous ne connaissez pas : *Medius vestrum stetit quem vos nescitis.* Oui, celui-
là est encore présent, j'ose dire qu'il est encore visible. Et
si nous ne le remarquons pas davantage, la faute en est,
Messieurs, à cette déplorable disposition de notre nature
qui, à elle seule, explique et amène tous nos torts, je veux
dire l'inattention.

Ah! je l'avoue, c'est elle qui m'inspire une certaine
frayeur, en abordant le sujet que je vous apporte aujour-
d'hui. Aux hommes distraits et préoccupés de notre siècle
oserai-je bien proposer de rentrer en eux-mêmes, d'observer ce qui se passe au fond de leur propre esprit?
Oserai-je bien seulement leur signaler ce grand fait extérieur toujours présent, toujours actuel, qui se distingue

par un caractère unique entre tous les autres faits du monde et de l'histoire, mais qui demande néanmoins, pour être remarqué, un instant de réflexion et de méditation attentive?

Messieurs, je ne crois pas présumer trop de vous en vous invitant à me suivre un instant dans ces sentiers un peu escarpés de la métaphysique chrétienne. Si le chemin qui conduit à ces hauteurs pouvait paraître rude, nous en serions bientôt dédommagés par le large horizon qui se déploiera à nos regards; l'air, la lumière ne nous y manqueront pas; et si Dieu daigne donner à ma parole la lucidité qui se trouve au fond des choses, les esprits les moins accoutumés à ces spéculations n'auront aucune peine à me comprendre.

I

Voici, Messieurs, un homme de science; j'entends de cette science abstraite et positive tout à la fois, qui, s'élançant d'un bond au-delà de tous les phénomènes matériels, étudie, dans leurs relations nécessaires, les propriétés des nombres. Si arides que paraissent ces recherches, vous savez qu'elles passionnent plus encore que toutes les autres. Les profanes comme moi ouvrent des yeux étonnés; ils ne comprennent pas le charme qu'on peut trouver à marcher sur ces cîmes étroites de l'abstraction, et à se tenir en équilibre sur ces arêtes aiguës du calcul. Les initiés, au contraire, goûtent dans cette gymnastique intellectuelle un plaisir qui compense abondamment toutes leurs fatigues.

Celui dont je parle avait tout à l'heure le front soucieux, le regard fixe; on eût dit qu'il couvait son idée avec la même persistance que le chasseur observe sa proie ; son corps était immobile, sa respiration même semblait suspendue. Tout à coup un, éclair brille dans ses yeux ; ce front s'illumine, ce visage terne se colore d'un éclat inaccoutumé, la plume tombe de sa main et un cri lui échappe, qui rappelle celui du grand géomètre ; qu'y a-t-il donc ? Eh ! comment ne pas se réjouir quand la solution cherchée depuis si longtemps lui est enfin apparue, et qu'il se voit en possession d'une formule capable d'imprimer un nouvel essor à la science ?

O puissance de la vérité, alors même qu'elle ne se révèle que dans un détail et ne nous fait qu'une part infiniment réduite de sa lumière ! Elle a beau nous dire comme autrefois le Seigneur à son prophète : Tu ne contempleras pas ma face, tout au plus tu apercevras mes vestiges et tu entreverras mon profil : *Faciem meam non videbis, posteriora mea videbis* (1) ; si peu qu'on ait l'impression de sa présence, il en résulte dans l'homme un inexprimable saisissement. N'en soyez point surpris. Ce qu'on atteint alors par quelque endroit, c'est la vérité inconditionnelle et absolue, qui précède la naissance des choses créées et survit à leur destruction. Elle ne perdrait rien de ce qu'elle est, si cet homme ne se trouvait point là pour la voir et si aucun autre ne s'occupait de la découvrir. Car elle ne dépend ni de vos réflexions, ni de vos études ; elle n'emprunte rien au fond plus ou moins riche de votre esprit, de même qu'elle ne s'étaye point sur l'échafaudage plus ou moins ingénieux que vous avez dressé pour monter jusqu'à elle.

Direz-vous que cette vérité n'est qu'un fantôme ; ou encore qu'elle n'a d'existence que dans l'intelligence qui l'a conçue, dans celles qui la concevront par la suite? Certes,

(1) Exod., XXXIII, 23.

s'il en était ainsi, la joie de l'inventeur serait vaine et la science tout entière deviendrait un simple mirage. Ce qu'on a constaté, c'est une loi, non pas seulement une loi des esprits, mais une loi des choses ou plutôt de leur essence. Vos principes de géométrie, vos formules algébriques contiennent une portion de la vérité et l'expriment dans la langue qui leur est propre. Quand un de ces pionniers du travail mathématique est parvenu à faire une nouvelle trouée dans le champ des abstractions, c'est qu'il a regardé plus loin que ses devanciers; c'est qu'il a reconnu des espaces qui n'avaient point encore été franchis; il ne crée pas, mais il découvre; et la réalité la plus sérieuse n'est point celle qu'atteignent ses sens; c'est celle qu'entrevoit son esprit, dans la sérénité de ces hauteurs où la science le place. Restez, lui dirons-nous, restez sur ces sommets inaccessibles au vulgaire. Ce n'est point dans le vide que vous opérez; et tout à l'heure peut-être nous aurons besoin de faire appel à votre témoignage.

Quant à nous, Messieurs, nous descendrons un peu de cette région toute spéculative; et si vous voulez, nous nous joindrons un instant à ceux qui s'intitulent eux-mêmes les investigateurs de la nature.

L'astronome est parvenu à dompter la fougue de ces géants voyageurs, qui, comme autant de coursiers indomptés, se précipitent à travers les cieux avec une incroyable vitesse. Vous vous rappelez le défilé célèbre de la Genèse, lorsque tous les être animés qui peuplaient le monde furent amenés tour à tour sous le regard du premier homme, afin qu'il donnât à chacun le nom qui lui convient (1); ainsi cette armée de soleils, qui manœuvre dans l'espace, passe et repasse incessamment devant celui qui s'en est attribué l'ins-

(1) Gen., ii, 19-20.

pection générale ; chacun de ces corps lumineux est noté, décrit, coté selon son mérite ; on en dessine la physionomie, on en trace la carte, on va jusqu'à lui faire rendre compte de ce qu'il renferme dans ses flancs ; on sait la période qu'il traverse, l'âge où il est parvenu. Voici un embryon encore à l'état d'ébauche, noyau vaporeux en train de se former au sein de la mère commune ; tel autre est adulte et conserve encore la fleur de son printemps ; en revanche, un troisième est déjà refroidi et ne connaît plus que les glaces de la vieillesse. Merveilleuse étude, qui livre à notre intelligence des mondes jusqu'à ce jour inconnus. Auprès d'elle en voici une autre plus modeste en apparence, mais qui ne nous ouvre pas de moins vastes horizons.

Le naturaliste dissèque une fleur avec le même soin que l'astronome analyse une planète.

Son ambition va même plus loin : il veut arracher à la vie ses secrets, forcer, par exemple, cette plante à raconter elle-même ses mœurs, son histoire, ses habitudes, ses amours ; s'il s'agit de l'animal, il voudra saisir sur le fait le jeu intérieur de ses organes, en démonter les ressorts pour les remonter ensuite et comprendre, autant que possible, jusque dans les derniers détails, le fonctionnement de cet inimitable organisme. Vains efforts, direz-vous, la vie en elle-même, ne se laisse pas surprendre. Il est vrai, Messieurs, mais que de découvertes en essayant d'arriver jusqu'à elle ! A chaque pas que de merveilles entrevues, et que de nouveaux sujets d'admiration !

Vous le savez, la nature ne saurait être trouvée en défaut. Quelque chemin que vous preniez, au bout de toutes les avenues, vous êtes sûrs de rencontrer cette Sagesse, qui vous sourit avec grâce, comme disent nos Écritures : *In viis ostendit se hilariter*, et vous apporte la preuve vivante d'une Providence qui a pensé à tout : *et in omni Providentia occurrit illis* (1). A peu près comme dans ces bois taillés de main d'homme, dont toutes les allées convergent vers un même point, une statue placée au centre est aperçue de tous les côtés à la fois. Et cette Sagesse partout présente, partout visible serait la seule à n'être pas ! Ou bien encore il ne faudrait voir en elle que le dédoublement de notre esprit et le reflet de notre propre pensée ! Quand vous retrouvez partout sa trace, vous conclurez qu'elle n'a point passé par là ; quand vous saisissez partout son action, vous proclamerez que rien ne vient d'elle !

Voyez, Messieurs, à quels abîmes nous mènent ces négations de notre temps, et comme il vaut bien mieux dire avec saint Paul : Elle était invisible en elle-même, mais par les choses qui ont été faites elle s'est révélée à notre intelligence, elle est venue poser sous notre regard ; *Invisibilia ejus per ea quæ facta sunt intellecta conspiciuntur* (2). Et cette sagesse de Dieu, son éternelle vertu, *sempiterna ejus virtus* (3), n'est autre chose que son Verbe. D'où il suit qu'en même temps que vous contemplez des yeux du corps le monde matériel, vous voyez du regard de votre âme celui qui s'y manifeste. Le livre extérieur vous montre la créature ; le livre intérieur vous parle de l'artisan ; plus vous considérez ce qui est au dehors, plus vous entendez au dedans prononcer ce nom sacré en qui se résument toutes choses. Car l'univers tout entier n'est qu'un grand poëme, dont toutes les harmonies redisent le même mot ; elles répètent, en l'abrégeant, la grande parole, celle que nous appelons la Parole du Père ou son Verbe éternel.

Mais quittons un moment le spectacle extérieur. Je vais vous demander, Messieurs, de vouloir bien pénétrer par la pensée dans les profondeurs de votre être et consulter les

(1) Sap., VI, 17. (2) Rom., I, 20. (3) Ibid.

archives secrètes de votre conscience. Il ne s'agit pas, remarquez-le bien, d'y lire ce que vous y avez écrit vous-mêmes ou ce qu'a pu y graver une main étrangère. Nous allons à un dépôt plus ancien; nous cherchons une page primitive dont ni vous, ni aucun homme ne pouvez être l'auteur.

Qu'est-ce que cette loi de justice, burinée là, comme sur l'airain, indépendamment de toute convention, de toute influence de milieu, de toute action particulière ou sociale? D'où vient cet évangile interne et originel, qui va se trouver si bien d'accord avec l'Evangile du Christ? En vain chercherait-on à l'effacer, en vain voudrait-on le corrompre. Alors même que les actes le contredisent, il continue à promulguer ses lois, du moins à faire entendre sa protestation indignée; et quiconque viole ses injonctions, se sent par là même en révolte contre une puissance d'un ordre supérieur.

Que signifie, Messieurs, un pareil phénomène? Cet être mystérieux, qui vous juge et qui vous condamne, est-ce vous ou est-ce un autre? Cette lumière qui luit sur tous vos actes, vous y révélant des circonstances que le monde n'y voit pas, est-ce une importation du dehors? Direz-vous que la parenté seule a allumé ce flambeau, ou que la société a seule créé chez l'enfant cette impression qui, loin de s'éteindre, grandit et se développe avec les années?

Non certes, Messieurs; ce n'est point là une œuvre de seconde main; la conscience est rivée aux entrailles mêmes de la nature. Les pérés de famille comprennent ce que je dis. Dès l'origine, ils ont trouvé dans leurs fils cette force qu'ils n'y avaient point mise eux-mêmes, mais dont ils ont tâché de s'emparer, parce qu'elle est, en effet, le plus grand ressort de l'éducation. Aussitôt que les brouillards de la première heure ont commencé à se dissiper, ils ont constaté qu'ils avaient entre les mains non pas seulement un être intelligent, mais aussi un être responsable, connaissant déjà sa personnalité, jaloux de son libre arbitre, commençant à se rendre compte de ses actes, et possédant, à un degré qui étonne, le discernement du bien et du mal, le sentiment intime du juste et de l'injuste.

C'est la dignité de l'homme qui se révèle dès le début. Ah! si vous voulez que plus tard elle ne soit jamais compromise, avec quel amour vous cultiverez ces premiers germes! Comme vous aurez soin de préserver leur délicatesse et de ménager leur épanouissement! Avec quelle pieuse sollicitude n'en surveillerez-vous pas la croissance, bien persuadés que le plus grand service à rendre à un adolescent, la garantie la plus sûre dont on puisse doter sa vie, c'est de régler en lui le moteur secret qui s'appelle la conscience!

Encore une fois, Messieurs, vous le dirigez, ce moteur, vous ne le construisez pas. La conscience n'a point été fabriquée tout d'une pièce à l'extérieur, pour être ensuite introduite en chacun de nous, elle n'est point le résumé des idées ou des préjugés d'un siècle; c'est avec l'âme qu'elle est née, c'est en elle qu'elle préexiste à tout enseignement. La leçon maternelle ne fait que l'éveiller en l'obligeant à se saisir elle-même. On pourra l'éclairer, la redresser, la conduire, comme on pourrait aussi la fausser et lui faire prendre le change. Quant à la produire de rien ou à la détruire entièrement, c'est ce qui dépasse le pouvoir de l'homme. Anéantir ou créer, sont des œuvres réservées à un pouvoir supérieur; si haut qu'elle s'élève, jamais la créature n'y pourra atteindre.

Ainsi la manifestation interne de la loi de justice est un fait divin. Divin dans son origine, parce qu'il ne vient pas de la famille, et qu'il ne dérive pas de la société; divin aussi dans son objet, parce que, comme disent les théologiens, ce qu'il révèle, c'est la loi éternelle elle-même, en d'autres termes, la pensée de Dieu sur l'homme et sur ses destinées morales.

Maintenant, Messieurs, recueillons-nous et rassemblons les témoignages. Si j'interroge les sciences abstraites et leur demande : Que trouvez-vous au bout de vos démonstrations? Elles me répondent : La vérité. A l'astronome, au naturaliste, si je demande : Qu'est-ce qui se révèle dans l'ensemble et dans les détails du monde matériel? Pour peu qu'ils soient sincères et logiques, ils seront obligés de me dire : Nous voyons partout une harmonie, une proportion qui attestent la présence d'une admirable sagesse. Et à vous-mêmes, Messieurs, si j'adresse une question analogue : Quelle notion, quelle loi rencontrez-vous au fond de vous-mêmes? Vous me répondez : La loi et la notion de la justice.

Justice, sagesse, vérité, voilà donc une triple irradiation arrivant à l'homme par des voies diverses; voilà les échos multiples de la création lui nommant, l'un après l'autre, une seule et même chose, qu'ils appellent de trois noms différents : Le bien, le beau, le vrai, trois reflets d'un même faisceau lumineux, qui se décompose en traversant le prisme de notre esprit, et nous envoie des rayons différemment colorés, mais appartenant à la même source.

Cette source, Messieurs, où est-elle ? Où trouver le noyau incandescent d'où jaillissent ces gerbes étincelantes ?

C'est ici que se révèle la supériorité de nos doctrines chrétiennes. Les philosophes anciens avaient soupçonné et comme entrevu de loin la solution. Platon nous parle de ces idées éternelles qui préexistent à la réalisation des choses créées. Les philosophes d'Alexandrie nous décrivent une série d'*éons*, émanant les uns des autres, et devenant la raison de toutes les existences postérieures. Mais qu'il y a loin de ces archétypes du platonisme, ou de ces générations indéfinies des Alexandrins, à cette simple et sublime exposition de l'Evangile selon saint Jean !

Vous voulez savoir quelle est cette lumière qui était dès l'origine et qui éclaire tout homme venant en ce monde; l'écrivain sacré vous nomme le Verbe; le Verbe qui, dans le principe, était en Dieu et qui en même temps était Dieu. Je ne m'étonne plus que le prophète nous parle de ces rejaillissements qui partent de la face du Seigneur pour nous inonder de leur clarté : *Signatum est super nos lumen vultus tui, Domine* (1). La face du Seigneur, c'est celui que l'Apôtre appelle la splendeur de sa gloire, la figure ou l'expression vivante de sa substance : *Splendor gloriæ, figura substantiæ ejus* (2). En lui, comme l'explique saint Augustin, sont les lois, les harmonies éternelles d'après lesquelles toutes choses ont été créées : *Singula propriis creata sunt rationibus; has autem rationes ubi arbitrandum est esse, nisi in mente Creatoris* (3).

De ce foyer divin quelques rayons tombent sur le miroir animé qui s'appelle l'âme humaine. Le rayon est brisé, je le veux bien; il arrive indirectement et comme par réfraction, je l'avoue; il traverse auparavant plus d'un milieu, se dépouille d'une partie de son éclat et ne produit plus en nous qu'une impression affaiblie. Toujours est-il néanmoins qu'après ces transformations successives, l'image qu'il nous apporte est encore parfaitement reconnaissable.

Ne dites-donc pas que ce Verbe dont nous parlons, est pour vous un étranger, un inconnu.

Non, Messieurs, tout au contraire; c'est lui qui se mêle à vos pensées, lui qui éclaire vos conceptions et vous fait

____

(1) Ps. iv, 7. (2) Ibid., i, 3. (3) Aug. de div. quæst., η. xlvi.

comprendre toutes choses. Ce ne sont point seulement saint Augustin et saint Thomas qui le disent ; c'est la raison qui l'atteste, c'est toute saine philosophie qui le proclame. Et de fait, si la lumière qu'il vous prête venait à se retirer, il en serait de votre intelligence comme d'un monde dont le soleil serait éteint. La nuit, le chaos, la confusion y régneraient sans partage.

Les vrais philosophes le savent. A la suite de nos grands docteurs ils nous parlent de ce maître intérieur, qui réside au fond de notre esprit, comme en un sanctuaire, où nous allons chercher ses oracles. C'est à lui que vous vous adressez en ce moment pour savoir si mes paroles sont vraies ; et je ne crains point qu'il me démente puisque c'est lui qui place cet enseignement sur mes lèvres ; cependant jusqu'à ce que vous ayez entendu sa réponse, vous suspendez votre jugement, vous ajournez votre adhésion définitive. Et certes, vous avez raison d'agir ainsi, parce que devant lui il n'y a point de différence entre ceux qui écoutent et celui qui parle ; tous sont également disciples, tous viennent à la même école, qui est celle de l'immuable et incorruptible vérité.

Combien ceux-là sont aveugles et s'ignorent eux-mêmes, qui sous prétexte d'inaugurer une nouvelle doctrine, qu'ils appellent *positive*, viennent nous dire que par aucune issue nous ne pouvons sortir du relatif et du phénoménal! L'immatériel, l'absolu nous échappent ; nulle voix, affirment-ils, ne nous est ouverte pour pouvoir jamais arriver jusque-là.

Et c'est à un siècle éclairé qu'on tient ce discours! Et ce sont des hommes de science qui le lui font entendre! En vérité, Messieurs, on se demande si on rêve et on a peine à en croire ses oreilles. Quoi l'immatériel, l'absolu sont inaccessibles! mais que faites-vous donc des mathématiques tout entières? Pensez-vous que les propriétés du triangle

dépendent de cette figure que vous tracez plus ou moins
exactement sur un tableau, ou que la vérité d'une équation
soit une question de calligraphie?

Ce que vous saisissez à travers ces signes, n'est-ce pas l'in-
conditionnel, n'est-ce pas le nécessaire? Tel théorème que
vous avez démontré, est acquis à la science dans tous les
temps et sous tous les cieux; la solution d'un problème ne
varie point en changeant de latitude ou en passant d'un
siècle à l'autre. Vous niez l'absolu. En voilà. Les phénomènes sensibles eux-mêmes ne peuvent être connus et
classés par vous qu'à l'aide de conceptions qui sortent de
l'ordre relatif. Sans un principe immatériel vous ne pourriez
constater leur existence avec certitude; sans un autre principe
non moins supérieur aux sens, vous ne sauriez passer du
particulier au général et conclure, d'un petit nombre d'expériences, à tous les cas semblables. Ainsi bon gré, mal
gré, l'absolu vous pénètre, vous enveloppe; il envahit vos
pensées, il déborde de toutes vos affirmations. La méthode
expérimentale, dans laquelle vous vous enfermez, n'a de solidité que ce qu'elle en emprunte; le *déterminisme*, que vous
nous vantez, ne peut faire un pas sans son secours; parce
qu'après tout, l'esprit humain ne saurait raisonner sans la
raison, et que la raison elle-même ne saurait se mouvoir
sans un point de départ qui soit fixe, c'est-à-dire sans une
base d'opérations prise dans ce qui est immuable.

Voilà pourquoi ce qu'on appelle le *positivisme* n'est qu'un
non-sens; et nous défions ceux qui le professent d'être un
seul instant d'accord avec eux-mêmes.

Pour se montrer conséquents, ils devraient abdiquer toute
intelligence. Encore dans cette abdication, si elle était ré-
fléchie, trouverais-je sans peine une nouvelle affirmation de
l'absolu; ce qui veux dire que le système tout entier ne

peut se tenir debout et qu'il s'écroule par la base même qu'il prétend établir.

Redisons donc avec assurance le mot du vieux précurseur. Oui, il y en a un au milieu de vous que vous ne connaissez pas : *Medius vestrum stetit quem vos nescitis ;* celui qui est à la fois le Bien infini, le Beau idéal et le Vrai par essence. Sans doute, nous n'avons pas le bonheur de le voir face à face, mais écoutez cette belle explication de saint Grégoire, rapportée, adoptée par l'Ange de l'école : « L'homme voit la vérité dans le sentiment qu'il en a, précisément parce qu'il ne voit pas toute l'étendue de la vérité en elle-même ; il s'en croit d'autant plus éloigné qu'il s'en approche davantage, et s'il ne la contemplait déjà d'une certaine manière, il ne pourrait constater son impuissance à la contempler (1). »

Telle est Messieurs, la grandeur de la situation qui nous est faite. Même au point de vue purement naturel, nous sommes les enfants du jour, les fils de la lumière : *Omnes vos filii lucis, et filii diei.* Nous ne sommes point de cette nuit où le matérialisme voudrait nous enfermer, de ces ténèbres où je ne sais quels systèmes d'obscurcissement voudraient nous mettre : *Non sumus noctis neque tenebrarum.* Gardez-vous donc de vous laisser aller à ce sommeil pesant des doctrines athées où sont ensevelis tant d'autres, mais veillez avec la vérité, c'est-à-dire avec le Verbe lui-même. *Igitur non dormiamus sicut et cæteri sed vigilemus (2).*

____

(1) Veritatem sentiendo videt quia quanta est ipse veritas non videt, cui tanto se longe æstimat quanto appropinquat, quia nisi illam utcumque conspiceret non eam conspicere se non posse sentiret. (Inter. qq. de veritate q. x, a xi, ad 15um).

(2) I. Thess. v. 5, 6.

II

Au fait intérieur qui nous révèle le Verbe, correspond, Messieurs, un fait extérieur qui nous révèle le Christ, c'est-à-dire le Dieu fait homme. Et ce fait subsiste; et il s'affirme à nos yeux avec une telle évidence qu'on ne saurait assez s'étonner de ne pas voir tous les hommes tomber à genoux devant lui. Le voici, Messieurs, dans sa simplicité, mais aussi dans sa grandeur.

Un homme s'est levé en face de ses contemporains, en face de la postérité tout entière et il a osé dire : « Je suis la vérité. » Oui, cette vérité dont quelques lueurs arrivent à votre esprit, sachez que c'est moi : *Ego sum veritas;* cette sagesse qui se révèle au sein de la nature, dans la proportion et l'harmonie des êtres, c'est moi, parceque je suis la voie : *Ego sum via;* cette justice dont vous avez la notion et le sentiment dans votre conscience, c'est moi encore, parce que je suis la vie : *Ego sum vita* (1).

Et qui est-ce qui parle ainsi? Est-ce un de ces personnages mystérieux, qui se montrent une fois à la dérobée pour disparaître immédiatement? Non, Messieurs. Après avoir dit ces choses, il ne quitte pas la scène. Il reste et par lui-même, et par sa parole toujours vivante, invitant tous les hommes à s'approcher, à contrôler ses actes et son enseignement, et leur portant à tous un solennel défi de le démentir.

Voilà un fait unique, un fait monstrueux, s'il n'est divin. Imaginez un homme ceint de tous les lauriers de vos aca-

(1) Joan. XIV, 6.

démies qui viendrait tout à coup vous dire : Je suis la littérature ou je suis la science. On s'indignerait de cet orgueil ou plutôt on prendrait en pitié cette folie. Il serait écrasé sous le poids du mépris, s'il ne tombait auparavant sous le fouet du ridicule. Et pourtant la littérature, la science ne tiennent qu'une place restreinte dans l'immense domaine qu'a embrassé celui qui a dit : Je suis la vérité.

Point de milieu : Ou l'homme qui parle ainsi est un insensé et ne mérite pas de fixer, même un instant, l'attention du public ; ou si son affirmation est sérieuse, il faut qu'il s'apprête à la soutenir devant le genre humain tout entier. Toutes les générations, tous les peuples viendront tour à tour lui en demander compte. Et parce que la vérité a des caractères qui n'appartiennent qu'à elle, l'épreuve ne sera ni longue, ni difficile ; le résultat n'en saurait être ni douteux, ni équivoque.

A l'œuvre donc, Messieurs ; car chacun de vous doit prendre part à cette vérification importante. Le fleuve de la parole évangélique n'est point arrêté aux frontières de la Judée. Il coule à travers le monde et arrose depuis longtemps toutes les contrées du globe. Voyez donc si ses eaux sont pures ; dites-nous si elles sont d'un accès facile pour tous, apprenez-nous enfin si elles sont fécondes et portent partout la fertilité avec elles.

Tels sont, en effet, les priviléges de la vérité ; elle est exempte de tout mélange ; son langage est populaire ; une fois semée dans l'humanité, elle y porte des fruits de salut. Ces priviléges lui appartiennent en propre, et ils ne sont partagés par aucune des théories mensongères, qui se sont succédé dans le monde. Pouvons-nous, je vous le demande, les constater dans l'enseignement de notre Christ?

Et d'abord, Messieurs, le courant doctrinal qui vient de lui, est-il parfaitement limpide? Vous les avez, il n'y a point d'œuvre humaine sans défaut. L'ombre s'y rencontre partout auprès de la lumière, et il ne faut pas s'en étonner puisque dans le soleil même on découvre des taches. Comment le génie échapperait-il à cette loi de l'infirmité? Comment n'aurait-il pas, lui aussi, ses absences, ses aberrations, ses éblouissements, ses faiblesses? En vain vous me citerez tous les noms illustrés par le savoir, s'en trouvera-t-il un seul auquel le souvenir de quelque erreur ne demeure attaché? C'est la condition de tout ce qui est mortel; pour s'en plaindre, il faudrait oublier la limite qui entre dans notre essence, et le néant qui est notre origine.

Eh! bien, Messieurs, l'Évangile est entre vos mains; son exte, scrupuleusement surveillé par la jalousie des communions diverses, vous est parvenu intégralement, sans qu'aucune altération ait pu le modifier. Dès le second siècle, surgissent les hérésies et commencent les disputes relatives à ce livre. Depuis lors, renferme-t-il une page qui n'ait été examinée cent fois, une phrase qui n'ait été tournée et retournée en tout sens, une sentence qu'on n'ait pesée, une expression qui ne soit devenue l'objet de débats contradictoires? Hommes et églises, princes et peuples, tout a pris parti pour ou contre : chaque mot a soulevé une montagne de discussions et nos bibliothèques sont pleines de ces controverses.

Qu'est-il sorti de tout cela? A-t-on pu relever quelque part un mensonge, et le livre sacré a-t-il été pris en défaut par quelque endroit?

Remarquez qu'il ne s'agit point ici d'une de ces œuvres scientifiques pour lesquelles un tout petit nombre d'hommes spéciaux est seul compétent, mais bien d'un livre ouvert à tous, que les multitudes savent lire, que les simples mêmes trouvent à leur portée. Ce livre renferme des dogmes; y avez-vous reconnu une contradiction? Il contient une morale ; l'avez-vous convaincue de désaccord avec la saine raison et avec la conscience? Les faits que raconte l'Évangile, ne sont pas moins à l'abri de tout démenti historique; plus on les examine de près, plus on y reconnaît le signe authentique de la vérité.

De nos jours encore ces éplucheurs de syllabes, qui se décorent du nom de *critiques*, ont repris en sous-œuvre et pour leur propre compte le stérile travail des Celse et des Porphyre. Avec toutes les ressources de l'érudition moderne, ils se sont mis de nouveau à fouiller tous les replis de nos livres sacrés. Le pêcheur de perles ne déploie pas plus d'activité pour sonder les entrailles de la mer, qu'ils n'en ont apportée dans leurs patientes et laborieuses recherches. Je le demande, ont-ils formulé une objection nouvelle? Non, Messieurs, rien, absolument rien, que ces vieilles difficultés dont les Saints-Pères eux-mêmes avaient déjà fait justice, et qui, du reste, ne sauraient tenir devant un moment d'attention. Le livre divin est sorti intact de ces expérimentations multiples qu'on lui a fait subir. L'alambic auquel on a soumis son contenu, ne lui a rien enlevé de sa substance.

Et maintenant si parmi vous il se rencontre un homme mieux avisé et plus habile, qui soit en état d'y dénoncer un fait controuvé ou d'y signaler une maxime immorale, je l'adjure ici, au nom de Dieu même; qu'il ne craigne pas de se lever à la face de ces autels et de confondre hautement l'imposture. Qui d'entre vous l'osera? Qui pourra, aujourd'hui encore, convaincre notre Christ ou de faute ou d'erreur : *Quis ex vobis arguet me de peccato* (1)?

Si donc vous êtes forcés d'avouer votre impuissance, si, cette eau vive, dont le Sauveur parlait à la Samaritaine, a subi toutes les analyses, a passé par tous les philtres sans

_____
(1) Joan, VIII, 46.

qu'on y ait trouvé le moindre résidu, que reste-t-il à faire sinon de proclamer la pureté parfaite de la doctrine évangélique, et de laisser le Sauveur répéter son affirmation vérifiée par dix-huit siècles : Je vous l'avais bien dit, je suis la vérité : *Ego sum veritas.*

Cependant, Messieurs, supposé que ce fleuve bienfaisant passât si loin ou coulât si haut que la foule n'y pût aisément parvenir, malgré sa limpidité, il lui manquerait un des caractères essentiels auxquels on doit reconnaître ce qui jaillit d'une source divine. Car la vérité qui descend du ciel vers les hommes ne doit pas seulement être immaculée, il faut aussi qu'elle se montre accessible, il faut qu'elle devienne aisément populaire.

Là était le vice inhérent à l'enseignement des anciens philosophes. Outre l'école du dehors, ils avaient l'école du dedans et celle-ci n'était ouverte qu'aux initiés. Leur doctrine mystérieuse ne sortait point de ce petit cercle intime, et il était strictement défendu de la laisser transpirer parmi les profanes. Qu'était-ce à dire sinon que le Maître méprisait trop le vulgaire pour lui livrer ses secrets, ou qu'il en désespérait trop pour essayer de les lui faire entendre.

Combien différente est la conduite de notre Christ ! Son premier mot, c'est qu'on n'allume point une lampe pour la cacher sous le boisseau, mais pour la mettre dans un lieu élevé d'où elle éclairera toute la maison (1). Aussi ce qu'il aura dit dans les ténèbres, il veut qu'on le répète en plein soleil ; ce qu'on aura entendu à l'oreille, il faudra qu'on aille le prêcher sur les toits (2). S'il instruit en particulier quelques hommes choisis, c'est pour qu'ils deviennent la lumière du monde (3) ; s'il jette les fondations d'une Eglise, c'est pour en faire la cité placée sur la montagne et exposée aux regards de tous (4).

(1) Matth. v. 15. (2) Ibid. x. 26-27. (3) Ibid. v. 14. (4) Ibid.

Tel est le plan esquissé à grands traits, et manifesté dès la première heure. L'exécution a-t-elle correspondu à ce plan? le dessein une fois conçu a-t-il été réalisé? De ces montagnes de Palestine, la source évangélique a jailli jusqu'aux esprits altérés de notre temps. Le breuvage est assez fort pour les robustes, assez tempéré, assez adouci pour les plus faibles. Celui-ci puise avec une coupe d'or, celui-là avec un vase d'étain ou d'argile, n'importe, ils sont admis sur le même rang; la différence de capacité et de talent ne constitue point d'exclusions, et s'il y a quelque privilége, c'est seulement pour qui déploiera plus de zèle, pour qui manifestera plus d'avidité et d'empressement.

Il est surtout un spectacle que nous ne remarquons plus, tant il nous est devenu familier, mais qui aurait suffi pour ravir d'admiration l'âme des anciens sages. C'est celui que donnent vos enfants, lorsque sans distinction de classes et de position sociale, ils viennent tous ensemble s'abreuver à ces sources ouvertes exprès pour eux et mises à leur portée sous le nom de catéchisme. Le catéchisme, c'est-à-dire la science de Dieu tellement condensée qu'elle peut tenir dans une intelligence de dix ans et s'y trouver à l'aise; c'est-à-dire encore la science de l'homme, résumée en termes tellement précis et tellement clairs, qu'un petit nombre de courtes leçons fait face à toutes les éventualités de la vie.

Et l'on ne se demande pas quel est l'auteur de cette merveille! Et l'on ne félicite pas nos jeunes générations d'être dotées d'un tel enseignement! Que dis-je? certains hommes se récrient et prétendent qu'il est inutile; ils voudraient le proscrire dans l'école, le rayer du programme destiné à l'enfance; comme si elle pouvait toute seule trouver son chemin, ou comme si quelqu'un était en état de le lui indiquer sans le secours du Christ.

Nous reviendrons, je l'espère, sur ce sujet important. En

attendant, Messieurs, laissez-moi vous dire ce que les faits proclament assez haut. Depuis l'origine du genre humain, aucun homme, aucun philosophe n'a pu nous donner le mot de cette énigme qui s'appelle la vie; nul n'a pu en expliquer les contradictions, en concilier les antinomies douloureuses, si ce n'est celui qui, marchant devant nous, vient nous inviter à le suivre en disant : Venez, je suis la voie, *Ego sum via.*

Cette voie est-elle sûre et cette doctrine est-elle efficace ?

Voyez, Messieurs, les pays où le courant évangélique est libre. Certes, je ne dis pas qu'ils ne portent que du bon grain et point d'ivraie; car partout ici-bas le bien et le mal vivent côte à côte. C'est une des conditions de l'humanité, dans l'état actuel, et aucune culture ne saurait l'y faire échapper entièrement. Mais ce que j'affirme et ce que vous savez comme moi, c'est qu'il n'y a point de comparaison à établir entre les contrées qui connaissent le Christ et celles qui l'ignorent; c'est que plus l'Evangile est respecté dans un pays, plus la flore des vertus qu'il produit est riche, variée; plus on y trouve de ces plantes rares et précieuses qui ne viennent point ailleurs, du moins qui n'y viennent jamais avec le même éclat et la même beauté.

Quelle est rare et chétive la végétation des sentiments généreux, en dehors de l'influence chrétienne ! Tout au plus semblable à celle qui se produit péniblement à travers de vieux murs délabrés. Loin du Christ, la famille n'est qu'une ruine. Ni la femme n'y est à sa place, parce qu'elle n'a plus de dignité, ni le père ne garde la sienne parce qu'il ne connaît plus l'honneur; ni l'enfant n'est estimé à sa valeur parce qu'on ignore sa destinée, ni sa vie même n'est garantie contre un pouvoir arbitraire parce qu'on ne sait pas le prix qui s'y attache. Un foyer sans unité, que la pudeur ne protége pas, qui n'a plus la régularité de ses proportions, ni l'harmonie de ses éléments divers; avouez-le, ce n'est point la constitution normale de la famille, ni un milieu favorable à l'épanouissement des vertus domestiques. La nature qui n'a pas été fécondée par l'Evangile, est comme le tronc sauvage qui déploie inutilement ses branches au soleil; il pouvait devenir un bel arbre et porter des fruits excellents; malheureusement la culture a fait défaut et il n'y a point eu de greffe.

On me cite des vertus nées ou conservées en dehors de cette influence.

Messieurs, la prédication chrétienne est comme ces vents chargés de germes végétaux et de poussière féconde, qu'ils sèment sur leur passage sans qu'on puisse savoir où elle tombera. En voyant la vie se développer sans cause apparente, plusieurs croient à une génération spontanée. De générations spontanées il n'y en a point dans l'ordre moral. Quand vous trouvez, dans des vies qui ne semblent pas chrétiennes, de grandes et inaltérables traditions d'honneur, de justice, de fidélité au devoir, soyez sûrs que l'action du Christ est encore là, même à l'insu de ceux qui nous donnent ces exemples.

Et ce que je dis des vertus domestiques, appliquez-le sans crainte aux dévouements du citoyen. Nous sommes loin d'être irréprochables. D'étranges révélations ont eu lieu et sont venues jeter le pays dans la stupeur; c'était l'amour du luxe prévalant, dans un temps de détresse, sur les intérêts de la chose publique; c'était la confiance du pays trompée; c'était peut-être l'antique honneur mis en oubli ou le salut de la France sacrifié pour faire prévaloir un parti et un système. En face du péril il est des courages qui se sont démentis. Pourquoi? Parce que pour savoir mourir, il faut avoir dans son cœur un amour, il faut porter dans sa foi des promesses. Celui-là donne volontiers la vie de son corps qui se tient assuré de sauver par là celle de son âme.

Et de même pour se mettre au-dessus des pensées égoïstes, rien ne sert mieux que d'avoir des principes. L'équité, le désintéressement ne sont jamais plus sûrs d'eux-mêmes que quand la religion étend son égide pour les couvrir.

Le peu qui nous reste de ces vertus doit être mis au compte du Christ. Un esprit public s'était formé, qui, Dieu merci, n'est point encore complètement éteint ; des traditions s'imposent à nous, qui n'ont pas encore perdu toute influence ; et tout cela se rattache, par des racines secrètes, à la puissante action exercée par l'Evangile.

Vous parlez du caractère français, de ce caractère qui avec des défauts, sans doute, se recommande pourtant par tant de grandes qualités et avait réussi à se rendre partout sympathique. Voulez-vous savoir quel est son berceau et son origine ? Je ne craindrai point de le dire, Messieurs, le berceau de ce qu'on appelle le caractère français, ce fut la chevalerie. Et la chevalerie, vous ne l'ignorez pas, était elle-même tout imprégnée de christianisme. C'était une des mille formes que peut adopter l'idée chrétienne, quand elle s'incarne dans une nation et la refait à sa manière. L'homme y avait mis du sien ; les passions mêmes trouvaient à s'y faire jour ; mais vous ne pouvez pas nier toutefois qu'on n'ait trouvé dans les héros qu'elle produisit, quelques-uns des types les plus achevés et les plus aimables que présente l'histoire.

Sommes-nous demeurés à ces hauteurs de franchise et de dévouement où ils s'étaient établis ? Où est cet amour passionné de la justice et du droit ? Où est ce sang qui ne demandait qu'à couler au profit de toutes les nobles causes ? Nous avons la fougue impétueuse, une sorte de furie, que nous mettons au service de la première idée venue, pourvu qu'elle flatte nos passions du moment. Le patriotisme calme, patient, l'oubli de soi et l'immolation des intérêts particuliers au bien général : est-ce là ce qui constitue le trait spécial de notre époque ?

Ah ! j'ai hâte de le dire, il y a encore au cœur de la France plus d'une goutte de ce sang généreux qui ne s'est point figée. Et c'est parce que l'étincelle de la vieille foi y vit encore et qu'elle y conserve quelque reste de chaleur. N'en doutez pas, ces deux choses sont étroitement unies ; l'une d'elles ne ressuscitera pas sans l'autre. On vous trompe quand on essaye de les séparer ; et s'il était besoin de preuve contre ceux qui vous en prêchent le divorce, l'histoire de la race française tout entière s'élèverait pour les confondre. Qui donc a fait notre grandeur ? Qui donc a écrit avec la plume ou avec l'épée les pages les plus glorieuses de nos annales nationales ? Qui a fait voler notre nom au bout du monde et assis notre influence aux plus lointains rivages ? A l'heure qu'il est, l'Orient ne nous connaît que comme chrétiens ; la Chine, le Japon n'apprécient guère en nous que notre idée religieuse. Toutes les fondations à distance que nous avons essayées, ont sombré tour à tour, une seule institution persiste et c'est celle de l'apostolat. Si nous sommes encore respectés partout, c'est surtout grâce à nos missionnaires. En vérité il n'est pas un peuple auquel le Christ puisse dire à plus de titres qu'à nous : C'est moi qui suis votre vie : *Ego sum vita* ; non pas seulement votre vie dans l'ordre du salut, mais encore votre vie dans l'ordre humain et au point de vue de la puissance temporelle.

Ainsi, Messieurs, vous le comprenez, notre Christ, n'a point reçu de démenti. Si téméraire que parût être dans la bouche d'un homme la triple affirmation que nous avons rapportée, si audacieuse que semblât cette revendication des trois noms les plus incommunicables de voie, de vie, de vérité, les faits sont venus lui donner raison et dix-huit siècles se sont chargés d'en être le commentaire. D'une part, malgré l'examen le plus minutieux et souvent le plus hostile, pas l'ombre d'une erreur n'a pu être constatée dans son enseignement. D'autre part, il est le seul à expliquer clairement à l'homme son origine et sa destinée, à lui montrer la voie à suivre et en même temps à lui donner la force d'y marcher. Partout où son action se fait sentir, l'humanité est plus éclairée, elle devient meilleure; sans se dépouiller entièrement de ses mauvais instincts et de ses vices, elle donne pourtant le spectacle d'admirables vertus et arrive à des hauteurs de pureté qu'on n'aurait jamais attendues d'elle. Tel est le fait extérieur qui se dresse devant nous.

Le fait intérieur lui répond : il nous montre un contact intime de notre âme avec la vérité, jusque dans nos contemplations solitaires et dans nos études abstraites. A travers le voile transparent des choses visibles, il nous révèle une sagesse supérieure dont la trace est partout, quand même son visage ne se découvre nulle part. Puis, dans notre conscience, il nous fait saisir cette loi de justice et d'équité, qui n'est point un produit humain mais une manifestation de Dieu même.

Avais-je le droit de dire qu'il y a correspondance parfaite entre le fait du dedans et le fait du dehors et que tous deux conspirent à nous montrer le Christ? N'est-ce pas, en effet, la même voix de part et d'autre et n'en reconnaissez-vous pas, des deux côtés, le timbre et l'accent. Ici, cette voix dit: Je suis la Sagesse, là, elle crie : Je suis la Voie. A l'intérieur elle prononce qu'elle est la Justice; à l'extérieur elle montre qu'elle est la Vie. Des deux côtés enfin, elle ajoute avec une largeur d'expression qui comprend toutes choses: Je suis la Vérité. Dans l'un de ces faits tout est immatériel et invisible, dans l'autre tout devient accessible aux sens et revêt une forme saisissable. Ah! Messieurs, la magnifique synthèse que celle du dogme chrétien de l'Incarnation !

Plus vous méditerez ces grandes harmonies, plus vous reconnaîtrez que l'âme humaine et les faits extérieurs se rencontrent comme deux démonstrations parties de points différents qui aboutissent à une même formule. Et la formule à laquelle nous arrivons ici, celle qui donne le dernier mot des choses, parce que comme dit saint Paul elle les porte toutes : *Omnia in ipso constant* (1) saint Jean vous l'a exprimée en ce peu de paroles : le Verbe s'est fait chair et il a habité parmi nous : *Verbum caro factum est et habitavit in nobis* (2).

(1) Col. I, 17. (2) Joan, I, 14.

(Reproduction intégrale interdite sans autorisation des éditeurs.)

PARIS. — E. DE SOYE ET FILS, IMPR., 5, PL. DU PANTHÉON.

CONFÉRENCES

DE

NOTRE-DAME DE PARIS

AVENT 1872

PAR LE R. P. MATIGNON

DE LA COMPAGNIE DE JÉSUS

JÉSUS-CHRIST ET LA FRANCE

Quatrième Conférence

JÉSUS-CHRIST. — L'IDÉAL DE L'HOMME.

PARIS

A. JOUBY ET ROGER, ÉDITEURS

7, rue des Grands-Augustins, 7

CONFÉRENCES DE NOTRE-DAME

JÉSUS-CHRIST. — L'IDÉAL DE L'HOMME.

Messeigneurs, (1).

Messieurs,

Dans un pays centralisé comme la France, le réseau des voies nouvelles a beau se ramifier en tout sens, ses principales artères se rattachent toujours à un seul point, comme les rayons d'un même cercle. Ceux qui habitent aux extrémités du territoire, n'ont qu'à suivre assez longtemps une de ces lignes, qui s'ouvrent devant eux, ils arriveront infailliblement à la cité mère, à celle qu'on regarde comme le grand foyer intellectuel et comme l'universel rendez-vous des affaires.

Ainsi, Messieurs, dans l'ordre moral, toutes les routes larges et spacieuses que votre esprit peut prendre, aboutis-

(1) Mgr Guibert, archevêque de Paris et Mgr de Marguerye, évêque démissionnaire d'Autun, chanoine de Saint-Denis.

sent au Christ. Si vous n'y parvenez pas, c'est que vous vous serez attardés en chemin et arrêtés dans d'obscurs détours, avant d'avoir atteint le terme. Par exemple, la science qui veut se connaître, s'aperçoit bientôt qu'elle a des perspectives ouvertes du côté du Verbe; car si elle étudie les vérités éternelles, elle ne les peut saisir que dans sa lumière ; et si ses recherches sont tournées du côté de la nature, à travers ce cristal des êtres créés, elle entrevoit partout la sagesse infinie. L'homme se renferme-t-il en lui-même, il retrouve encore la même image dans sa propre conscience. Interroge-t-il l'histoire et les faits du dehors, le Christ en occupe le point culminant; les événements sont tournés vers lui, soit comme préparation, soit comme conséquence. C'est de ce lieu élevé que vous l'avez entendu adresser au monde un triple défi, auquel les siècles n'ont répondu qu'en confirmant ses assertions solennelles. Le fait extérieur nous a conduits au Christ, comme le fait intérieur nous avait amenés au Verbe, et leur témoignage réuni s'est résumé dans la formule inspirée de saint Jean : *Verbum caro factum est* le Verbe s'est fait chair (1).

De lui il avait été annoncé qu'il serait l'attente des nations: *Ipse erit expectatio gentium* (2). J'ose dire, Messieurs, que cette parole du patriarche se vérifie, plus que jamais pour nous, à l'heure présente.

Car parmi ces peuples qui soupirent après leur rédemption, il en est un dont l'attente est pleine d'angoisses et pleine de douleurs. Après de longs siècles de prospérité, il s'est vu tout à coup précipité de cette place d'honneur qu'il avait si longtemps occupée sans conteste. Parce qu'il affectait de méconnaître d'où lui venait sa force, Dieu a tout

(1) Joan., I, 14.
(2) Gen., XLIX, 10.

à coup retiré sa main; parce qu'il ne comptait plus que sur lui-même, la Providence lui a fait sentir jusqu'où pouvaient le mener les défaillances de son orgueilleuse sagesse. Et maintenant à peine délivré de ce lourd cauchemar qui pesait sur lui, apercevant les ruines qui se sont faites et les abîmes qui se sont ouverts, ne pouvant réussir à trouver un sol affermi pour s'y fixer, ni un appui solide pour y étayer tout ce qui tremble, on sent pourtant, à le voir, qu'il a foi dans l'avenir et qu'il garde dans son cœur une invincible espérance.

Mais, Messieurs, s'il doit revivre, d'où pensez-vous que lui viendra le salut? Est-ce de sa force armée ou est-ce de ses institutions politiques? Lui faut-il le demander à ses princes ou l'attendre des multitudes? De grâce, ne nous faisons pas illusion; après tant d'épreuves et de dures leçons, le temps n'est plus où l'on pouvait encore se contenter d'expédients et se bercer de vaines chimères. C'est à la source du mal qu'il faut aller, sans quoi tout remède est impuissant, toute réforme frappée d'avance de stérilité.

Or, évidemment, le mal est en nous; et la cause première de tous nos désastres c'est que la France a cessé de produire des hommes. Au lieu d'en former, nous les défaisons; au lieu de multiplier cette race virile, qui constitue la force d'un peuple et, dans toutes les classes, le nerf de la société, il semble que nous prenions plaisir à rendre son existence impossible. L'homme est attaqué dans son âme par les doctrines matérialistes qui la nient et ne permettent pas qu'on s'en occupe; il est attaqué dans sa chair par l'empire d'un sensualisme qui s'impose et ne tolère même pas que la vertu ait sa place au soleil; il est attaqué dans sa vie supérieure par l'indifférence, qui étouffe toute inspiration élevée et tue dans son germe tout sens religieux. Ces trois bles-

sures sont mortelles et la génération qui en est atteinte, paraît fatalement condamnée à périr.

Mais de même que contre la morsure brûlante des ser-
pents du désert, Moïse éleva un signe mystérieux qu'il suf-
fisait de regarder pour être guéri; de même, Messieurs, en
face de nos populations languissantes, malades du triple
mal que je viens de dire, le ciel nous commande d'arborer
une figure divine, qui est celle du Christ.

Les hommes nous manquent; le moyen d'en susciter est
de revenir à l'homme-type, à celui qui s'est si souvent glorifié de ce titre de *Fils de l'homme*, et qui est montré à tous
comme le modèle sur lequel ils doivent se refaire. Ne craignons point aujourd'hui de procéder par analyse et de
chercher, dans cette personnalité auguste, ce qu'il nous faut
penser des divers éléments qui composent notre nature.

Tout d'abord nous revendiquerons pour le Christ et pour
nous-mêmes l'être spirituel qui nous est commun et dont
une fausse science prétend nous déshériter. Puis nous ver-
rons le rôle que la substance corporelle est appelée à rem-
plir et la mission sublime qu'elle a reçue. De là il n'y a
plus qu'un pas à faire pour arriver à la vie supérieure de
l'homme, et reconnaître comment le double caractère de
Celui que nous adorons, donne satisfaction à ses instincts
les plus élevés. Nous en conclurons que le Christ est l'idéal
de l'homme et que cet idéal ne saurait être remplacé par
aucun autre.

I

La première chose à faire est de nous demander comme
le prophète : *Quid est homo?* Qu'est-ce que l'homme? Que

faut-il penser de lui et quelle est la place qu'il occupe dans l'échelle hiérarchique des êtres?

Hélas! Messieurs, si vous lui adressez cette interrogation, si vous venez lui dire, ainsi qu'autrefois les envoyés des Juifs à Jean-Baptiste : *Tu quis es :* Qui êtes-vous? *Quid dicis de teipso :* Que dites-vous de vous-même? j'ai peur que sa réponse ne soit empruntée aux désolantes négations de notre temps : je tremble qu'au lieu de se donner pour ce qu'il est, il ne se rapetisse aux proportions que lui fait le matérialisme.

L'homme de nos écoles athées, c'est un organisme qui fonctionne; rien de plus, rien de moins. Tout ce que vous voudriez y voir au-delà n'est que fiction; et pour l'âme en particulier, les docteurs du jour l'ont depuis longtemps rejetée, ainsi qu'une hypothèse inutile. Comment pourrait-elle exister, quand le scalpel qui pénètre partout, n'a nulle part constaté sa présence? Comment l'enseignement pourrait-il en tenir compte, quand tous les phénomènes vitaux s'expliquent sans qu'on ait besoin de recourir à cette vaine supposition ?

Autrefois, lorsque la science était moins avancée, il lui paraissait commode d'abriter sa faiblesse derrière ces *entités* scolastiques, qui lui servaient à donner le change sur ce qu'elle ne comprenait pas. Aujourd'hui ce langage mystique a disparu; et le premier principe d'où l'on part, est de n'accepter que les faits relatés par l'observation. Or, l'observation biologique nous livre seulement une succession de phénomènes s'engendrant les uns les autres, en sorte que celui qui précède contient déjà équivalemment celui qui va suivre. Dans cette chaîne continue point d'interruption, point de place pour l'agent invisible et mystérieux que vous voudriez introduire. Tout se résume en transformations, en métamorphoses à peu près semblables à celles qui s'accomplissent partout dans la nature.

Prenez, par exemple, ces moteurs inventés par le génie humain. Ne voyez-vous pas certaines forces, d'abord latentes et emmagasinées au sein de la matière inerte, entrer tout à coup en action, et ouvrir une succession étonnante d'effets tous reliés étroitement. Pour parler la langue de l'industrie, c'est du charbon qui se décompose en chaleur, c'est la chaleur qui se change en mouvement, tandis que le mouvement se convertit lui-même en travail. La science pèse ces diverses quantités et constate, à chaque substitution, une parfaite équivalence.

Ainsi, dans ce mécanisme, bien autrement compliqué, de l'être vivant, tout ce que nous pouvons apercevoir nous présente un spectacle analogue. L'alimentation entretient le calorique ; celui-ci se dépense en excitations, en ébranlements, qui affectent les formes les plus diverses, mais remontent toujours à un principe matériel. Si donc vous voulez absolument qu'il y ait une âme, nous dirons qu'elle est la *résultante de l'organisme, de même qu'un concert résulte des tubes des exécutants* (1); elle sera *l'ensemble des fonctions du cerveau et de la moëlle épinière*, ou plus brièvement, *l'ensemble des fonctions de la sensibilité encéphalique* (2).

Certes, Messieurs, à part sa crudité d'expressions, qui est de fraîche date, le système ne nous présente en lui-même rien de neuf. Quand Socrate, au moment de boire la cigüe, dissertait avec ses amis sur l'immortalité, il se trouvait, lui aussi, en présence de cette question posée par l'un d'eux : L'âme ne serait-elle point une harmonie, résultant de l'accord des qualités corporelles ; comme celle de la lyre ou de

(1) M. Renau, *Revue des Deux-Mondes*, avril, 1858.
(2) M. Littré, Dictionnaire de méd. art., *Ame*.

la cithare résulte de la vibration des cordes musicales (1)?
Et à ce doute d'un de ses interlocuteurs il répondait par
des raisons péremptoires, qui gardent toute leur valeur
contre les sophistes modernes.

Vous voulez, leur dirai-je, que nous soyons positifs. A la
bonne heure. Des faits, rien que des faits; j'y consens volontiers. Seulement prenez-les dans leur ensemble, et n'en
vouez pas à l'oubli la portion la plus importante.

En restant strictement dans cette méthode, c'est à l'expérience que nous demanderons : Qu'est-ce que l'homme?
Quid est homo? Cet homme que vous aimez ou que vous
détestez; pour lequel vous professez de l'estime, de l'admiration, ou, tout au contraire, du mépris, de la haine : comment, dites-moi, le connaissez-vous?

Et ici je ne parle pas de cette connaissance purement extérieure, de ces sympathies ou de ces répulsions qui ne s'at-
tachent qu'à la forme matérielle; je parle de la seule connaissance qui compte dans le langage ordinaire. Pour que
celle-là existe, il est nécessaire d'avoir échangé des idées,
expérimenté les caractères, sondé les opinions; on a besoin
de savoir de quel côté se tournent les intentions, les projets,
les visées : quand vous aurez exploré les contours de la
pensée intime et mesuré l'intensité de chaleur qui règne
dans les affections, alors vous pourrez vous flatter d'avoir
une connaissance sérieuse de votre semblable, et non pas
quand vous discernez seulement ses traits et sa physionomie.

Il est donc vrai qu'il y a dans l'homme qui se voit, un
autre homme qui ne se voit pas, et qui seul pourtant est
l'homme véritable; celui auquel on s'attache ou à qui on
porte envie; que l'on craint ou que l'on respecte; dont les
vertus nous attirent ou dont les défauts nous offusquent; en
un mot, l'homme qui fait l'objet de nos appréciations et de

____

(1) Voir le *Phédon.*

nos discours. Le reste n'est qu'une enveloppe plus ou moins brillante, disons mieux, un intermédiaire obligé, un organe indispensable; mais ne constitue point, à proprement parler, la personnalité qu'il s'agit d'atteindre.

Et quand vous supposeriez que doué de cette faculté mystérieuse que vous appelez la *seconde vue*, j'apercevrais dans ses moindres détails le jeu de l'organisme intérieur, suivant de l'œil la fibre qui se tend quand l'homme pense, le nerf qui se meut quand il a une volonté, appelant par leur nom chacun de ces rouages, et les prenant sur le fait dans les mouvements indéfiniment variés qu'ils exécutent : ce spectacle assurément plein d'intérêt me donnerait-il une véritable connaissance de la personne? Avec cette magnifique leçon d'histologie ou d'histoire naturelle, que j'aurais sous les yeux, en serais-je plus avancé pour savoir ce qu'éprouve à mon égard ou mon ami ou mon rival, celui qui fait des avances pour m'aider ou celui qui se pose ouvertement comme mon adversaire?

C'est qu'il y a un abîme entre ces deux ordres de choses. D'un côté, vous me montrez l'appareil, de l'autre, je cherche la main intelligente qui le fait fonctionner; ici c'est un simple instrument et là je veux trouver l'artiste; au dehors j'aperçois un mécanisme tantôt parfait, tantôt défectueux, pourtant toujours admirable; au dedans il me faut voir l'esprit qui dirige, le libre arbitre qui touche les ressorts et les fait mouvoir. Vous aurez beau embrouiller les notions, chercher à confondre les faits; encore une fois, il y a une distance infranchissable entre ces deux séries de phénomènes; et de même que les premiers se produisent dans une substance que vous appelez le corps, de même les seconds s'accomplissent dans un être réel, que nous nommons notre âme.

Allez donc, et faites de la vraie science; non de cette

science borgne et boîteuse, que la méthode expérimentale est la première à condamner. Ce n'est point avec de la matière, même secrétée par le cerveau, que vous ferez une pensée, ni avec une vibration nerveuse, même transmise jusqu'au cervelet, que vous ferez un sentiment ; l'effet physiologique se produit, sans nul doute, mais il est accompagné d'une autre qui n'appartient point à la même sphère. La réalité que nous affirmons, échappe à vos instruments ; l'âme ne tombe point sous votre scalpel ; et c'est précisément pour cela que nous confessons son existence. L'étonnement que quelques-uns font paraître de ne point arriver à elle, dans leurs dissections, est par trop naïf ; car si jamais vous veniez à la rencontrer dans les lobes du cerveau, ce jour-là, sachez-le bien, nous aurions cessé d'y croire.

En vérité, Messieurs, qui ne saisit pas ces principes de bon sens, c'est qu'il cherche à s'abuser lui-même et ne veut pas connaître l'homme. Aussi, quelle que puisse être sa science des affections morbides, je ne garantirais pas qu'il soit toujours en état de les guérir. Dieu vous préserve, Messieurs, de ces Esculapes, qui ne croyant qu'à la matière, tiendront peu de compte de vos dispositions morales et de l'immense influence qu'elles exercent sur la santé ! Dieu vous garde surtout de ces endormeurs systématiques, qui trompent l'infirme jusqu'au dernier moment, et qui sous prétexte de lui éviter une légère émotion, le livrent sans préparation aux hasards d'un terrible passage ! Vous ne croyez pas à l'âme, dites-vous ; votre client y croit peut-être : il a sa conscience à calmer, sa foi à satisfaire, ses espérances à assurer, à l'heure décisive. Le condamner d'un seul coup à tout perdre, ce n'est pas seulement trahir sa confiance, c'est encore violer les droits les plus sacrés de sa liberté religieuse.

Le dualisme dont ne veulent pas les sophistes d'aujourd'hui, est précisément ce qui constitue la dignité humaine. Il y a en nous une vie liée aux organes, mais qui en elle-même est tout immatérielle. C'est par là que nous nous rapprochons des natures supérieures, par là que nous avons une parenté originelle et une ressemblance frappante avec la divinité.

Voyez, par exemple, comme la pensée s'élance vers l'infini. Parvenue en un instant bien au-delà des limites de ce monde visible, elle en rapporte une lumière qu'elle n'aurait jamais trouvée dans son enceinte. Et c'est à l'aide de ce flambeau, allumé dans une région supérieure, qu'elle éclaire tour à tour chaque domaine de la création, mesurant au cordeau l'immensité des cieux, calculant la masse et la distance des soleils, trouvant les lois d'équilibre qui maintiennent les globes dans l'espace et assurent à l'univers la paix de l'avenir. Le cœur de l'homme est encore plus vaste que son intelligence; il aime plus qu'il ne comprend, il poursuit de ses ardentes sympathies ce qu'il n'a pu qu'à grand'peine atteindre par ses idées. Et quand vient l'occasion de se distinguer par des actes éclatants, il pousse parfois le dévouement jusqu'à l'héroïsme et se montre supérieur à toutes choses.

Dans ces nobles prérogatives est le fondement inébranlable du respect que nous professons pour notre nature. Nous ne voyons pas seulement en elle ce qui vient du limon terrestre, nous y voyons aussi l'étincelle empruntée à un foyer divin. Etrange rapprochement, je l'avoue, qui n'est pas un des moindres mystères imposés à notre faible raison. Que l'être spirituel s'associe à qui lui ressemble, il n'y a rien là de bien étonnant; mais qu'il s'éprenne, pour ainsi dire, d'affection pour une nature inférieure, qu'il se lie a elle par une étroite hyménée et se rende son captif dans les

étreintes d'un indissoluble embrassement; voilà ce qui dépasse et confond nos pensées.

O esprit, flamme céleste, nature éthérée et presque divine, que venez-vous faire au milieu de cette fange? Qu'avez-
vous de commun avec ces os et ces tendons, avec ces muscles
et ces cartilages; prison charnelle, qui vous enlèvera votre
essor et qui comprimera la liberté de vos mouvements?

Ce qu'il vient faire, Messieurs; il vient imprimer, dans
l'homme sensible, le caractère et l'effigie de l'inaccessible
divinité. Il vient établir un trait d'union entre le chef-d'œuvre de la création matérielle et le royaume supérieur des
pures intelligences. Sa mission est de relier par un nœud
substantiel les deux moitiés de l'œuvre divine. L'homme se
trouve ainsi placé sur les confins de deux cités, auxquelles il
appartient, en quelque sorte, également; tout près du monde
des esprits par son âme, mêlé à toute la nature corporelle
par ses sens; donnant une de ses mains aux anges et l'autre
aux êtres inférieurs jusqu'au degré le plus bas; centre de
la création, abrégé de tous les êtres, en qui se résument et
se retrouvent toutes leurs harmonies.

Faut-il s'étonner qu'un jour, Dieu ayant voulu s'unir à la
nature sortie de ses mains, ait choisi de préférence celle en
qui il atteignait toutes les autres? Dans cette immense multitude de créatures visibles et invisibles, la clef de la position
c'était l'homme? En s'en emparant, le Verbe ralliait d'un
seul coup toutes les forces vives éparses dans l'univers; il se
plaçait immédiatement au cœur même de son œuvre.

Vous le voyez, Messieurs, notre race était prédestinée
pour l'exécution du plan providentiel. Si jamais la sagesse
suprême avait besoin d'un point d'appui pour agir, pour se
révéler personnellement dans l'univers, la nature humaine
lui offrait une base sur laquelle pouvait être construit son
temple animé et vivant; d'avance elle était préparée à deve-

nir dans sa main l'instrument des plus grandes merveilles.

Ne me dites pas : Qu'avons-nous à faire de cette doctrine, et ne nous suffit-il pas de nous maintenir au niveau de notre nature ?

C'est précisément pour vous maintenir à ce niveau, Messeurs, que vous avez besoin de la croyance au Verbe Incarné.

Sans doute la spiritualité de l'âme humaine est une vérité de bon sens, un dogme de la raison. Cependant c'est un fait d'expérience que cette vérité ne s'est soutenue généralement que chez les peuples qui ont admis la révélation chrétienne.

Pourquoi cela? Parce que notre sagesse est si courte, nos raisonnements toujours si vacillants et si incertains, que nous avons besoin de les appuyer sur une parole infaillible, comme est celle que le Christ nous apporte. Quand l'Évangile nous a dit: Ne craignez point ceux qui tuent le corps et ne peuvent rien au delà ; craignez celui qui peut précipiter à la fois et le corps et l'âme dans la mort éternelle (1): ce mot a plus fait pour nous préserver du matérialisme que toutes les dissertations des philosophes et que l'enseignement de toutes les académies. Puis, il faut bien le comprendre, le Christ ici n'est pas seulement révélateur, il est encore, par lui-même et dans sa personne, une démonstration vivante. Pensez-vous en effet que l'homme, s'il n'avait point d'âme, aurait pu devenir ce siége d'honneur où la divinité est venue s'asseoir? L'alliance intime qui s'est opérée entre les deux natures, prouve leur voisinage et montre la parenté qui existait auparavant de l'une à l'autre. Vous qui croyez à leur union, vous croyez par là même à l'excellence du sujet en qui elle s'est accomplie.

(1) Matt., x, 28.

Tel est l'inébranlable fondement du respect que nous professons pour l'homme.

Vous le savez, toute famille qui a un passé, aime à conserver religieusement les portraits vénérés et chéris de ceux qui ont été sa gloire. L'enfant, que pourrait entraîner la légèreté de l'âge, le jeune homme, que menacent à la fois et les doctrines perverses et les dangereuses amorces du plaisir, seront souvent ramenés devant le tableau qui représente un ancêtre illustre ; souvenir toujours vivant, qui leur parlera au cœur, et dont la muette éloquence leur en dira plus que tous les discours. S'ils l'écoutent, elle les préservera de tristes écarts et de honteuses défaillances.

De même, Messieurs, en face de cette dégradation presque générale qui avilit notre race, au milieu de ces négations fatales qui l'abaissent et la déshonorent, la religion nous place en présence d'une image auguste, où elle nous fait lire notre véritable grandeur. Ecoutez cette voix qui est celle de votre sang, et puisse-t-elle parler plus haut que toutes les doctrines athées !

« Ce qui s'élève par l'Incarnation, vous dira-t-elle, ce n'est point seulement cette nature individuelle associée au Verbe, en l'unité de personne, c'est toute la famille humaine et c'est vous qui en êtes membres. La gloire d'un fils d'Adam rejaillit sur ses frères, et en vertu de la solidarité qui les relie, la déification d'un seul devient la déification de tous. »

Merci, ô Christ ; n'eussiez-vous rien fait autre chose, vous avez bien mérité de l'humanité. Car c'est vous qui lui apprenez sa noblesse, vous qui l'empêchez de déchoir et de désespérer d'elle-même.

II

Mais en démontrant la supériorité de l'âme, nous ne pouvons pas nier l'infirmité de l'être corporel. La chair s'affirme assez haut, elle s'impose par trop d'endroits pour que nous soyons admis à n'en tenir aucun compte.

Et bien que la matière recèle dans son sein des secrets sur lesquels elle refuse obstinément de s'expliquer; bien que sa nature intime soit pleine de mystères; c'est elle seule que notre siècle prétend connaître. et c'est à elle seule qu'il réserve ses hommages et ses adorations.

Dirons-nous, Messieurs, que ce culte soit nouveau ? Non sans doute. Je ne sais pourtant s'il avait, même dans le paganisme, le caractère abaissé qu'on affecte de lui imprimer aujourd'hui.

Il est vrai que les passions les plus abjectes étaient alors partout sur les autels ; mais les poëtes avaient pris la peine de les idéaliser : dans ces dieux, dans ces déesses, dont la crédulité publique faisait toute la fortune, le vice avait su se donner parfois je ne sais quels airs héroïques ou du moins se soutenir au-dessus du niveau commun. Le lointain de la légende adoucissait les tons ; la perspective effaçait en partie ce que la réalité, vue de près, aurait eu de trop révoltant ; et le piédestal de la tradition élevait l'image si haut qu'on était moins choqué de son inconvenance.

Maintenant que présente-t-on à votre culte, sinon l'homme sans légende, sans piédestal, sans même cet échafaudage de vaine renommée, sur lequel il semblerait dépasser la taille ordinaire ? L'idolâtrie nouvelle, qui tend à s'introduire, n'a pas même pour elle les misérables excuses que pouvait alléguer l'ancienne. Un seul nom lui convient :

elle est le prosternement des multitudes devant une odieuse vulgarité.

Je vois la forme humaine adorée pour elle-même, sans aucun rapport avec la pensée qui s'y cache, avec le sentiment qui s'y révèle ; je dirais même sans égard pour la beauté plastique dont elle pourrait être dotée.

L'art s'est mis au service de cette religion dépourvue d'intelligence ; ce qu'il étale à nos yeux, ce qu'il donne en spectacle sur nos places publiques, ce sont des *produits*, dont le mérite principal est de dépasser en cynisme tout ce qu'on avait osé jusqu'à cette heure.

Que le roman, que le drame touchent à l'homme, ce n'est point pour révéler en lui de nobles sentiments, ce n'est pas même pour y peindre de grandes passions ; votre littérature ne sait plus que disséquer la matière, et vos théâtres ressemblent à un cabinet d'anatomie. Il n'est pas jusqu'à nos prétendus moralistes qui n'abordent les problèmes les plus délicats de la vie humaine qu'avec le scalpel du chirurgien ; parce qu'ils auront décrit le jeu de vos nerfs et analysé la partie physique de vos impressions, ils croiront avoir sauvé les mœurs et assuré l'honneur de la famille. La chair, toujours la chair, c'est la seule chose qu'on voie dans l'homme ; et c'est aussi la seule divinité qu'on veuille laisser debout, après avoir renversé toutes les autres.

Messieurs, nous aussi nous adorons la chair, mais une chair sanctifiée, une chair élevée à un mode d'existence supérieur, puisqu'elle fait partie d'une personne divine. Celle-là peut être honorée sans péril et sans déchéance ; le culte que vous lui rendez vous agrandit ; et en même temps il répond péremptoirement aux reproches opposés que nous entendons formuler contre nous.

Il en est qui nous disent : Vous dédaignez le corps ; vous ne savez que mépriser et faire prendre en dégoût la vie présente. Et ceux qui parlent ainsi se scandalisent des austérités de nos ascètes, et ils ne peuvent tolérer les sévérités de la doctrine évangélique relative à la pénitence.

Or, tandis qu'ils blâment nos rigueurs vis à vis de l'homme sensible, d'autres nous accusent de l'élever outre mesure. Ils trouvent mauvais que nous venions nous agenouiller devant une figure matérielle, et que nous rendions des honneurs soit à l'image de nos saints, soit même à celle du Christ. C'est le propre de la vérité divine, de passer entre ces écueils contraires sans craindre de se briser contre aucun d'eux !

Il est vrai, Messieurs, personne n'honore la chair de l'homme à l'égal des chrétiens. Ce n'est point seulement dans le Verbe incarné que nous la vénérons avec amour, c'est aussi dans ses frères, partout où elle a été régénérée par le sacrement, partout où elle a reçu une participation du soufle divin. Et comment, en effet, ne pas reconnaître les magnifiques prérogatives qui lui appartiennent même au seul point de vue de la nature ?

Nous l'avons dit, le matérialisme a tort quand il prétend que le cerveau secrète la pensée ; mais si la matière organisée n'est pas la source de nos idées, elle en est du moins l'instrument et comme le véhicule ; elle en devient bientôt le signe, l'expression ; et sous l'action de l'âme, elle s'anime, se transfigure. Voyez comme le visage humain reflète chaque impression, traduit chaque sentiment avec le ton spécial qui lui convient. La seule attitude du corps équivaut parfois à tout un discours ; le geste est une langue à part, qui se plie aux combinaisons d'idées les plus variées et les plus complexes. Y a-t-il un seul de nos mouvements qui ne soit chargé d'un message spécial ? Et s'il prévient tout commandement, ne lui arrive t-il pas parfois de nous trahir, en racontant indiscrètement ce qui se remue au fond de l'homme ? Orgueil ou modestie, sympathie ou dédain, affection ou colère : tout vient s'y peindre, tout y transpire, même à notre insu. Pas une fibre de l'être humain qui ne s'imprègne tour à tour de tritesse, de joie, d'inquiétude, de bonheur ; et pas une qui n'ait son tressaillement particulier pour rendre au dehors ce qui autrement demeurerait enfermé dans un sanctuaire inaccessible.

Et que dire, Messieurs, de ce battement de nos lèvres, qui arrive à se faire comme un être spirituel et devient le moyen ordinaire de communication entre les intelligences? La parole, à quel monde appartient-elle ? Est-ce au monde des corps ou au monde des esprits? Quelle relation naturelle pouvez-vous assigner entre ces vibrations d'un organe matériel et la lumière qui se fait tout à coup dans vos idées, et l'émotion qui parfois gagne jusqu'à vos cœurs? L'air a été ébranlé, quelques-unes de ses molécules ont changé de place ; quel motif pour qu'une même pensée occupe à la fois des milliers d'esprits, pour que de nouvelles convictions s'en emparent, pour que des impressions de toute sorte viennent se produire parmi les auditeurs?

Et non seulement l'homme a cette parole dont l'a pourvu la nature, mais il trouve moyen de s'en faire une multitude d'autres. Tantôt il confie sa pensée à une feuille légère, et tantôt il l'assied sur les ailes de la foudre; ici c'est le marbre ou l'airain qui devront la transmettre à la postérité; ailleurs il en dote un instrument inerte, qu'il anime de son souffle, qu'il presse de ses doigts et dont il fait pour ainsi dire un prolongement de lui-même. Sous la main d'un artiste habile, le frémissement d'une corde harmonieuse suffit pour nous faire tressaillir ou nous arracher des larmes.

Vous le voyez, partout nous nous trouvons en présence du même fait, je veux dire l'union intime de l'élément matériel et de l'élément spirituel, le mariage de la nature sensible avec le monde supérieur. Non-seulement ces deux choses vont de pair et ne peuvent se passer l'une de l'autre, mais il semble encore que leurs propriétés soient mises en commun, ou plutôt qu'elles se fassent une cession réciproque des attributs qui les distinguent. L'idée la plus abstraite doit prendre un corps, sous peine de ne pouvoir être comprise ; le phénomène matériel à son tour semble prendre une âme, quand il sert de traduction à la pensée. Le verbe extérieur de l'homme n'existe qu'à cette condition ; et quant à son verbe intérieur, c'est-à-dire cette parole interne que nous nous disons à nous-mêmes, il n'arrive lui aussi à se saisir qu'en s'incarnant dans un signe, que nous empruntons le plus souvent au langage ordinaire.

Où nous conduisent ces analogies? Où montons-nous, Messieurs, par ce chemin qui vous semble un peu long peut-être, mais qui pourtant nous mène sans détours au but que nous nous proposons d'atteindre?

Ce but, nous le touchons désormais. Car s'il est vrai qu'à tous les degrés se rencontre une fusion admirable de la chair avec l'esprit, de ce qui vient de l'une avec ce qui émane de l'autre, faudra-t-il s'étonner beaucoup que ces harmonies s'élèvent plus haut encore? Après qu'elles se sont révélées dans la nature humaine, en y jetant un si grand éclat, devrons-nous être surpris qu'elles fassent un dernier effort et atteignent enfin, dans le Christ, leur perfection et leur apogée? La matière s'est élevée jusqu'à rencontrer en nous le monde spirituel ; lui défendrez-vous de porter plus loin son ambition, d'aspirer encore à l'honneur de s'unir, par l'Incarnation, à la divinité elle-même ?

C'est la magnifique doctrine que développe saint Thomas. L'homme dit-il est le terme de la création et son point culminant ; il est donc de toute convenance qu'il entre en unité avec le premier principe, afin que le cercle se ferme et que l'œuvre arrive à son achèvement : *Homo cum sit creaturarum terminus convenienter primo rerum principio unitur, etiam ut quadam circulatione perfectio rerum concludatur* (1). Ce cercle, Messieurs, c'est celui que nous venons de parcourir, en constatant les degrés par lesquels les choses créées remontent vers leur auteur.

Bien qu'elle soit tout d'abord sortie de sa main, la matière se trouve jetée loin de lui et perdue, pour ainsi dire, dans les profondeurs infimes de l'être. Mais voilà que sous l'action d'un souffle tout-puissant, quelques-unes de ses parcelles s'animent. La plante, émergeant de son germe, se tisse à elle-même une robe plus riche que celle de Salomon; puis, au-dessus de cette première caste purement végétative, l'animal se fait une place à part, constitue un monde nouveau, avec une hiérarchie de vies étagées les unes sur les autres, et passant, par des transitions presque insensibles, des plus élémentaires jusqu'aux plus parfaites. Montez encore et vous arrivez à la jonction des deux grands fleuves, je veux dire au confluent de l'existence matérielle et de l'existence spirituelle ; les deux créations versent dans l'homme ce qu'elles ont de plus précieux pour en faire, suivant le mot de l'Écriture, l'image et la ressemblance de Dieu même, *ad imaginem et similitudinem suam.*

Nous voici déjà presque revenus au point de départ; néanmoins il reste encore un intervalle immense à franchir, et ce dernier pas ne serait jamais fait sans le mystère de l'Incarnation. C'est l'Homme-Dieu qui relie définitivement la création à son principe; c'est lui qui termine cette grande circulation de l'être, de la vie, qui après avoir parcouru des méandres sans fin, vient définitivement rejoindre sa source : *ut quadam circulatione perfectio rerum concludatur.*

Voilà notre doctrine, Messieurs. Direz-vous encore, comme

(1) Cont. Gent. L. IV, c. LV.

il arrive si souvent qu'elle abaisse les intelligences et coupe tout essor aux grandes pensées? Direz-vous qu'elle est impuissante à élever les esprits et incapable de nous donner des hommes?

Nous partons de l'idée modeste que nous nous faisons de nous-mêmes et nous arrivons au dogme de l'Homme-Dieu. Vous partez des hauteurs de votre orgueil et vous arrivez peut-être à la théorie de l'homme-singe. Nous paraissons mépriser la chair; et par la sainteté, dont nous lui faisons une loi, nous parvenons, en quelque sorte, à la diviniser; vous, au contraire, vous commencez par l'adoration, et Dieu sait si vous ne finissez pas par des profanations sacriléges. Et tels sont les deux enseignements qui se disputent le monde. Et telles sont les deux forces qui travaillent, en sens inverse, à entraîner notre race.

O homme, dis-moi, que veux-tu faire de ta chair? La donneras-tu au Christ qui s'offre à la spiritualiser ; l'abandonneras-tu aux doctrines athées qui veulent l'abaisser jusqu'à l'animal?

Et toi, ô France, que veux-tu faire de tes enfants? Les confieras-tu à Celui qui a le secret de les égaler aux natures supérieures? Ou bien les livreras-tu à ceux qui ne veulent et ne peuvent en faire que des bêtes perfectionnées?

III

Encore un mot, Messieurs; l'homme n'est pas achevé si l'on ne donne satisfaction à sa vie supérieure, et si on ne lui fournit le moyen d'entrer en communion avec les choses divines.

Mais vous êtes-vous jamais rendu compte de cette singulière anomalie, qui se retrouve chez tous les peuples à l'endroit de la religion? D'un côté, la raison, tant qu'elle n'est point faussée, enseigne ouvertement un Dieu invisible, éternel, élevé au-dessus de tout ce qui est matière et complètement inaccessible à nos sens. Ce n'était point seulement la Judée qui en avait la notion; guidés par les seules lueurs qui brillaient dans leur intelligence, les sages de la gentilité étaient arrivés jusqu'à lui; leur crime a été, non de ne point le connaître, mais de ne point lui rendre honneur (1). Aujourd'hui tous les cultes des peuples civilisés le proclament; chacun de nous, à moins qu'il ne veuille se mentir à lui-même, se fait gloire de le saluer.

Et pourtant rien de plus marqué, dans notre race, qu'une répugnance invincible à se contenter d'une divinité purement spirituelle; rien de plus clair que l'espèce d'impossibilité où sont les hommes, de lui payer le juste tribut de leurs hommages.

Ici, Messieurs, les preuves abondent; l'histoire toute entière se lève pour rendre un éclatant témoignage à cette assertion. Rappelez-vous ce qui se passait avant l'ère chrétienne. Chez les païens, la notion primitive de Dieu n'avait pu se soutenir seule dans les esprits; et plutôt que de s'arrêter à sa simplicité lumineuse, on la mêlait à mille contes absurdes, on lui faisait subir mille travestissements. Afin d'avoir sur les autels autre chose qu'un froid souvenir, tout y était adoré, excepté Celui qui seul est adorable.

Il est vrai qu'en dépit de ces erreurs, Israël avait conservé le culte de Jehovah; mais si serré que fût le réseau de faveurs miraculeuses dans lequel la Providence le tenait constamment enveloppé, ce peuple en rompait sans cesse les

____

(1) Rom. i, 21.

mailles pour courir à d'autres dieux. Jamais penchant plus fort ne se révéla pour les vaines idoles; jamais violence continuelle ne fut si nécessaire pour maintenir le culte du Dieu invisible.

Nos déistes modernes ont-ils mieux réussi? Ceux qui, au siècle dernier, se parèrent de ce titre, n'étaient au fond que les adversaires de toute religion. Ce qu'ils ont renversé, nous ne le voyons que trop; ce qu'ils auraient voulu bâtir à la place, nous le cherchons vainement parmi tant de ruines.

Quant à ce petit groupe contemporain de libres-penseurs, qui, tout en repoussant notre Christ, semblent avoir eu l'intention de garder le Dieu de la pure raison, et de faire fleurir parmi nous la religion naturelle; tant s'en faut qu'ils aient pu fonder un culte, qu'eux-mêmes en sont venus à nier la prière.

Le fait est donc évident. L'homme ne s'arrête pas au Dieu pur esprit; s'il n'en a pas d'autre, ou s'il se fabrique une idole, ou il devient athée. Le maintenir dans cette adoration difficile, où la foi est tout, où les sens n'ont aucune part, c'est ce qui ne s'est jamais fait qu'exceptionnellement, et comme à force de prodiges.

N'y a-t-il point là, Messieurs, une étrange contradiction? Quoi qu'on en dise, la religion est pour l'humanité le premier de tous les besoins; et voilà qu'en présence de ce Dieu inaccessible que la raison nous enseigne, nous ne tardons pas à constater une sorte d'impossibilité pratique de la religion. Des croyances s'imposent à notre nature avec une force irrésistible; et ces croyances qui semblent l'élever si haut, la laissent en même temps dans une cruelle détresse. Elle se sent pressée d'adorer; et au moment où elle va entonner son hymne d'amour, lorsqu'elle fait déjà monter vers le ciel les accents de sa prière, tout à coup les chants sacrés expirent sur ses lèvres, l'encensoir échappe à sa tremblante main, sanctuaire, autel, divinité, tout semble à la fois s'évanouir, pour la laisser dans le vide de ses pensées, dans l'immensité de sa solitude.

C'est alors que saisie de désespoir, elle court au bois, au marbre, aux créatures vivantes ou inanimées et leur dit : Donnez-moi des dieux. Qu'importe qu'ils n'aient ni yeux pour voir, ni oreilles pour entendre ? il lui en faut à tout prix. Plutôt que de s'en passer, elle en inventera d'atroces, elle s'en forgera de ridicules. Et plût à Dieu que ce fût là seulement l'histoire des temps anciens ! A l'heure qu'il est, trois cent millions d'hommes sont encore courbés sous le joug de ces superstitions ; et tous nos efforts pour les en tirer n'ont pas réussi. Supposé que vous puissiez leur enlever leurs fétiches, pensez-vous qu'ils se contenteraient de cette adoration abstraite d'une divinité cachée et incompréhensible ? Ou bien, tranchant le nœud que vous ne savez pas délier, allez-vous exporter parmi eux vos négations et chercher à les entraîner dans l'athéisme ? Un petit nombre vous y suivra peut-être ; la masse, jamais. Elle reprendra plutôt ses anciennes erreurs, elle reconstruira les autels abattus et y replacera les troncs mutilés de ses vieilles idoles. Tout sera possible aux multitudes, excepté de vivre sans foi ou de ne rien trouver dans l'objet de leur adoration qui se rapproche de notre nature.

Frappés de ce phénomène, qui se reproduit sous tous les cieux, nos critiques modernes ont entrepris de faire ce qu'ils appellent l'*Histoire des Religions*. Ils citent à leur barre les différents cultes qui se sont succédé sur la face du globe, les jugent à leur façon et viennent ensuite nous raconter que partout ils n'ont trouvé qu'une chose, à savoir l'épanouissement, sous diverses formes, d'un seul et même fait psychologique.

A les entendre, chaque peuple incarne ses idées, ses préoccupations, ses préférences dans la divinité qu'il 's'est choisie; en sorte que celle-ci n'est guère que le mirage de la pensée populaire, et parfois ils ajoutent, *le spectre de la conscience*. D'où ils concluent que toute religion est chimérique, puisqu'en fait, toujours et partout, elle se révèle comme une création de l'homme.

Voilà une conséquence qui renverse toute logique. Quoi! vous trouvez dans l'humanité un fond universel, subsistan en tous les pays; vous constatez un fait qui persévère à travers les différences de mœurs, de caractères, de races, de civilisations; et au lieu de conclure, avec tous les hommes sérieux, que c'est apparemment une loi de la nature, *lex naturæ putanda est* (1), vous osez affirmer qu'il n'y a là qu'un accident, dont il ne faut tenir aucun compte! Si les aspirations invincibles de l'humanité vous trompent, pourquoi les mettre sans cesse en avant? Et si l'on peut admettre que la raison universelle s'abuse totalement sur ce point capital, quelle foi voulez-vous que nous ayons en elle sur tous les autres? Du moment que vous enlevez à l'idée religieuse sa valeur, vous reniez toute intelligence et vous détruisez toute certitude.

Quant à nous, au contraire, nous ne craignons pas de dire : Sous toutes ces inventions fabuleuses, œuvre du caprice et de l'imagination populaire, on retrouve un fond toujours identique et d'une inébranlable solidité. Il en est de la vraie religion comme de ces monuments d'un autre âge, auxquels le mauvais goût des époques postérieures avait suràjouté une foule de constructions bizarres et discordantes; abattez ces murailles postiches, faites disparaître ces lourdes superfétations, la ligne architecturale reparaît, en-

____

(1) Cicer., *pro Milone.*

tamée peut-être, mais parfaitement reconnaissable, et une restauration intelligente n'aura pas de peine à rétablir toute la pureté de la pensée primitive.

Ainsi, Messieurs, les vaines croyances ne sont qu'une altération et comme une surcharge. Si les multitudes n'avaient pas besoin d'un culte légitime, vous ne leur en verriez pas adopter de faux; en supposant que croire en Dieu ne fût pas une nécessité de la raison, jamais le monde ne se serait fabriqué d'idoles.

Et n'est-ce pas, du reste, la loi générale? Qui dit contrefaçon suppose un type; qui dit imitation maladroite, affirme par là même une réalité qui la provoque. N'eussé-je point d'autres démonstrations, je serais en droit de dire : La superstition prouve le besoin de piété; le fétichisme et l'idolâtrie établissent d'une manière péremptoire l'existence d'une religion véritable.

Voilà pourquoi il y a un dogme qui résoud le problème en apparence insoluble; il y a un culte qui satisfait les désirs soi-disant inconciliables de la nature. D'un côté, il faut à la raison un Dieu unique, invisible, éternel; ce Dieu existe et se propose à notre croyance. D'autre part, l'humanité ne peut se résoudre à cette simple adoration; elle se désole si son Dieu ne devient pas sensible, elle se désespère s'il ne prend pas des traits et un visage semblables aux nôtres. Ah! Messieurs quelles prédispositions providentielles! Quel pressentiment de la vérité! Voyez-vous comme la doctrine de l'Incarnation trouve sa place toute faite dans nos pensées, comme elle correspond à nos vœux secrets et aux aspirations profondes de notre nature!

Plusieurs nous disent : Ecartez le mystère du Christ et nous croirons en votre Dieu. Ceux-là s'abusent et se font illusion; le Dieu caché ne leur suffit pas; ils ne l'honoreront sérieusement que quand ils reconnaîtront le Verbe incarné.

La vie supérieure de l'homme les demande tous deux et vous ne sauriez y satisfaire si vous les séparez l'un de l'autre.

C'est pourtant cette adoration nécessaire qu'on travaille ardemment à faire disparaître. Si vous écoutez les réformateurs du jour, le Christ doit être écarté comme un vieux modèle qu'on met au rebut. Ce n'est plus sur cette figure qu'il faut avoir les yeux ; ce n'est plus elle qu'on doit copier pour nous faire des hommes.

La prochaine fois, Messieurs, nous apprécierons à sa valeur ce système nouveau d'instruction, qui veut mettre la religion à la porte de l'école. Pour le moment, il faut conclure ; et je ne puis mieux le faire qu'en appelant encore une fois vos regards du côté où nous voyons un rayon d'espérance.

Pourquoi ne le rappellerions-nous pas ? La France, à diverses époques de son histoire, a été plus abaissée qu'elle ne l'est aujourd'hui. Ne l'a-t-on pas vue tantôt déchirée par les factions intérieures et livrée sans défense à toutes les horreurs de la guerre civile ; tantôt envahie presque totalement par l'étranger et réduite, pour ainsi dire, à une seule province ?

Elle se relevait pourtant, parce que, dans ces extrémités, elle trouvait des hommes. Et pourquoi, Messieurs, trouvait-elle des hommes ? C'est qu'elle avait une foi, c'est qu'elle leur montrait un idéal. N'en doutez point. Ceux qui nous sauvèrent au quinzième et au seizième siècles avaient regardé le Christ. Ce fut à ses pieds qu'ils retrempèrent leur vigueur, ce fut dans ses enseignements qu'ils recouvrèrent enfin la prudence, la sagesse trop souvent altérées et compromises au sein de ces époques troublées. Pas une crise d'où la France ait pu sortir sans un retour aux principes chrétiens ; pas une résurrection de sa force qui n'ait coïncidé pour elle avec une rénovation religieuse.

Je dis donc avec assurance : Votre espoir, le voilà ; votre attente, c'est lui : *ipse expectatio.*

Laissez-nous vous le montrer aujourd'hui, à vous qui remplissez cette enceinte et à tous ceux qui entendront au dehors le retentissement de notre parole. C'est lui, *ipse*, qui apprendra aux hommes de notre temps le prix de cette âme à laquelle un bon nombre ne croit plus, grâce à vos négations. C'est lui, *ipse*, qui opposera sa chair bénie, comme une digue, aux courants du sensualisme qui nous entraînent et qui nous perdent. Assez nous avons expérimenté ce que devient un peuple qui ne sait pas modérer ses passions, pour. qu'il nous soit permis de chercher à leurs emportements un remède salutaire. C'est lui, *ipse*, qui fournira à tous, dans sa personne, la solution de ce qu'on est convenu d'appeler le problème religieux. Que la France se recueille devant lui ; qu'imitant le repentir de Madeleine, dont elle a suivi les égarements, elle vienne s'asseoir à ses pieds et entendre sa divine parole. Je n'en demande pas davantage pour dire sans crainte d'être démenti par les événements : La France s'est tournée vers le Christ, la France sera infailliblement sauvée.

(Reproduction intégrale interdite sans autorisation des éditeurs.)

PARIS. — E. DE SOYE ET FILS, IMPR., 5, PL. DU PANTHÉON.

CONFÉRENCES

DE

NOTRE-DAME DE PARIS

AVENT 1872

PAR LE R. P. MATIGNON

DE LA COMPAGNIE DE JÉSUS

JÉSUS-CHRIST ET LA FRANCE

Cinquième Conférence

JÉSUS-CHRIST INSTITUTEUR

PARIS

A. JOUBY ET ROGER, ÉDITEURS

7, rue des Grands-Augustins, 7

CONFÉRENCES DE NOTRE-DAME

CINQUIÈME CONFÉRENCE

JÉSUS-CHRIST INSTITUTEUR

Messeigneurs, (1).

Messieurs,

Les hommes nous manquent, et le seul moyen d'en susciter, dans la génération présente, est de revenir à celui qui a voulu en fournir le type dans sa propre personne. C'est en regardant le Christ que les âmes apprendront à ne plus s'oublier, à ne plus se renier elles-mêmes. C'est en fixant ses yeux sur lui que la chair connaîtra sa dignité, et que sans céder à l'orgueil qui la rend idolâtre d'elle-même, elle saura se garder du sensualisme qui la dégrade et des excès qui l'avilissent. C'est enfin dans le Dieu Incarné, et en lui seul, que l'humanité trouve la religion qui lui convient, parce que là seulement s'harmonisent des besoins qui semblent contradictoires et s'unissent des exigences qui parais-

---

(1) Mgr Guibert, archevêque de Paris, Mgr de Marguerye, chanoine de Saint-Denis, et Mgr Jeancart, évêque de Cérame.

sent inconciliables. La rencontre substantielle de Dieu et de l'homme s'étant opérée dans le Christ, vous ne pouvez pas la poursuivre ailleurs sans vous condamner d'avance à chercher toujours et à ne trouver jamais.

Mais, Messieurs, c'est peu d'avoir un idéal, s'il ne se trouve aussi un ouvrier intelligent pour le copier et le reproduire. Et plus l'union est étroite entre l'esprit qui conçoit et la main qui exécute, plus l'ouvrage sera parfait, plus la réussite est assurée. Le génie artistique n'est pas autre chose que l'assemblage dans le même homme de ces deux conditions. Faites surgir dans une intelligence une idée sublime ; supposez dans celui qui l'a enfantée assez de talent pour l'exprimer tout entière, ou sur la toile qu'il fera parler sa langue, ou dans le marbre qu'il animera de son souffle ; vous aurez un de ces chefs-d'œuvre qui provoquent l'admiration non-seulement des contemporains, mais encore de la postérité.

Faire un homme, Messieurs, c'est produire le plus grand de tous les chefs-d'œuvre. Aussi le Christ qui en est l'idéal, veut encore en être l'ouvrier ; il pose comme modèle, il travaille en même temps comme instituteur.

C'est ce dernier titre que je revendique aujourd'hui pour lui, parce qu'il lui appartient en propre. Les hommes qui s'emploient en son nom à façonner l'enfance, ne sont après tout que des instruments et des auxiliaires. Et ici je parle sans distinction de caractère et d'habit ; lorsque l'enseignement est chrétien, peu importe de quelles lèvres il découle. Prêtre ou séculier, laïque ou religieux, l'homme qui parle n'est qu'un porte voix ; le véritable instituteur est celui qui continue à dire : Laissez venir à moi les enfants, *sinite parvulos, venire ad me* (1), parole qu'il répète depuis dix-huit cents ans et qui jusqu'à présent avait toujours été comprise.

____

(1) Matt. xix. 14.

Des vérités qu'il faisait entendre et des mystères touchants qu'il proposait, sortaient pour le jeune âge des leçons de courage, de générosité, tout aussi bien que des habitudes de piété et de modestie. Il nouait avec l'enfance ces fortes et saintes affections, qui périssent rarement tout à fait, alors même qu'on les croit rompues et répudiées ; en lui, l'éducation avait son point d'appui, la vie morale, son centre ; tous savaient où chercher la règle et en même temps où trouver l'encouragement et le secours.

C'est précisément cette alliance qu'on veut aujourd'hui détruire. Vous avez entendu les réclamations qui s'élèvent pour qu'on arrache l'école, et en particulier l'école primaire, à l'influence de la religion, pour qu'on installe à la place *l'instruction laïque, l'enseignement sécularisé,* heureux quand on ne nous menace pas de le rendre obligatoire !

Quel est le sens de cette innovation ? Pensez-vous, Messieurs, que l'attaque soit dirigée seulement contre telle méthode, telle livrée extérieure, ou encore contre tels et tels engagements pris devant Dieu et qui ne relèvent que de la conscience ?

Non, en vérité, les coups portent plus haut. Les personnes s'effacent ici ou comptent pour peu de chose. Mais ce qu'on voit derrière elles et ce qui fait peur, c'est le Christ. Voilà celui qu'on veut éliminer, parce que son action paraît gênante. L'empire qu'il prend sur les jeunes années lui assure bon gré, mal gré, pour la suite, un pouvoir dont on ne veut plus. Peut-être ce reste d'influence qu'il exerce, met-il obstacle à certains projets et s'oppose-t-il à des bouleversements sociaux dont on caresse la pensée.

Quoi qu'il en soit, le mot d'ordre est donné ; il semble que le monde n'aura pas de repos que l'on n'ait opéré cette grande réforme. Il faut non-seulement que l'école devienne *laïque,* c'est-à-dire tenue par un homme qui n'ait aucune attache ecclésiastique ou religieuse, il faut encore qu'elle soit *neutre*. Et cette neutralité consistera dans une complète abstention pour tout ce qui touche aux matières de croyances. Pas un mot de Dieu, ni de l'âme, ni de la vie future (1); la religion n'entrera pas dans le programme, elle ne prélèvera aucune part dans les leçons de l'instituteur. Bien plus, il devra apporter la plus grande attention à passer entre les cultes divers sans marquer pour aucun la moindre préférence; et son discours devra se tenir tellement en équilibre qu'on ne le surprenne jamais à pencher soit d'un côté, soit de l'autre.

Ainsi l'enseignement n'aura point de couleur religieuse. Renfermé exclusivement dans ce qu'on appelle son objet spécial, il ne se permettra pas de s'en écarter un instant, ni de regarder ce qui est au dehors. D'où il suit que le Christ sera pour lui non avenu, à peu près comme s'il n'avait jamais paru en ce monde.

Tel est le projet, Messieurs. Il regarde la jeune fille aussi bien que le jeune homme. Car on se plaint de la voir livrée à l'influence sacerdotale; on veut à tout prix la débarrasser des superstitions auxquelles on la trouve encore assujétie.

Je n'ai pas besoin d'insister sur l'existence de ce plan, ni sur les efforts que l'on fait pour en obtenir la réalisation. Ici ce sont des vœux émis par les représentants des communes et qu'on fait bruyamment parvenir à l'oreille de nos gouvernants. La presse les appuie, le journalisme antichrétien en presse l'exécution, comme si le salut du pays y était attaché. Ailleurs c'est plus encore : on en vient aux actes,

---

(1) Il en est qui ne vont pas jusque-là, v. M. de Laveleye (*L'Instruction du peuple*, p. 64 et suiv.) C'est défaut de logique et le rapport de Mme Coignet se montre plus conséquent : « *L'hypothèse religieuse* (sic) ne **commence** pas à tel dogme qui choque, pour finir à tel autre qui paraît plausible; elle **commence** au premier de tous les dogmes, à la question dogmatique elle-même de l'origine et de la fin. » *Rapport présenté au nom de la commission des dames chargées d'examiner les questions relatives à la réforme de l'enseignement.* **Paris, 1871, p. 16.**)

aux voies de fait, parfois brusques, parfois violentes; on méconnaît les services rendus, on foule aux pieds les droits acquis et les engagements authentiques. L'injustice est souvent si flagrante que l'autorité des magistrats ou celle des tribunaux a dû plus d'une fois intervenir pour casser des arrêtés iniques et rapporter des décisions entachées d'une partialité odieuse.

La campagne est donc ouverte. Elle se poursuit avec une frénétique activité. Son but, qu'elle ne dissimule pas, est d'obtenir un divorce complet entre l'instruction primaire et l'enseignement chrétien, et de mettre définitivement le Christ à la porte de l'école.

Je laisse de côté les impossibilités de toute espèce que susciterait à chaque pas ce système et je me borne à demander deux choses :

Quels sont les motifs vrais ou apparents de l'expulsion qu'on médite? Quels en seraient inévitablement les résultats, relativement à l'œuvre dont l'école est chargée? Double question, pleine d'actualité, et qu'il nous importe essentiellement de savoir résoudre.

I

Le premier motif mis en avant pour exclure la religion de l'enseignement élémentaire, c'est, nous dit-on, le respect de la liberté de conscience. A la famille d'avoir ses convictions, de décider dans quelle croyance, dans quel culte l'enfant doit être élevé; l'école n'a ni le droit, ni la mission d'imposer une foi; et puisqu'elle est ouverte à tous, le seul parti qu'elle ait à prendre sera donc de se taire. Le silence sur ces matières controversées est pour elle plus qu'un acte de prudence, il devient un devoir essentiel. Qu'elle se circonscrive dans son objet et qu'elle se garde bien de jamais mettre le pied sur un terrain qui lui est interdit.

D'ailleurs, ajoutent ces hommes, l'école dont il s'agit est l'école publique, celle de la cité, de la commune ; nous ne voulons pas que l'argent de tous serve à acheter l'enseignement de certains dogmes et à favoriser les développements d'une église dominante.

Et quand on leur demande quelle sera la doctrine distribuée à l'enfance: On lui apprendra, disent-ils, les éléments de la lecture, de l'écriture, du calcul ; ceux-là n'ont aucune nuance religieuse. A-t-on par hazard découvert dans l'alphabeth des lettres hérétiques et d'autres qui soient orthodoxes? On l'initiera à la *morale universelle*, qui n'est point une annexe, ni une dépendance de la religion ; car celle-ci s'occupe surtout des devoirs de l'homme envers la divinité, tandis que celle-là règle les devoirs des hommes entre eux, sans s'appuyer sur aucune révélation particulière.

Messieurs, je n'ai point coutume d'affaiblir les objections ; et j'emprunte ici à dessein le langage de nos adversaires (1). L'équivoque fourmille sous ses assertions ; et malgré des semblants de sincérité, le mensonge s'y trahit de toute part.

Quoi! c'est par respect pour la conscience que cette école, où ne viendront guère, en définitive, que des enfants baptisés, omettra systématiquement le saint nom de Dieu et reléguera l'auguste physionomie du Christ dans une ombre impénétrable! C'est pour ne point blesser les croyances qu'on organisera l'enseignement comme s'il n'y avait ni lumière à attendre du ciel, ni prières à y faire monter pour l'obtenir ; et que, dans la culture intellectuelle, tout ce qui

____

(1) Voir notamment un travail de M. Esquiros intitulé : *L'instruction publique et la ligue d'éducation nationale en Angleterre*. (*Revue des Deux-Mondes*, 15 juin 1872.) En exposant ce qui se passe chez nos voisins d'outre-mer, l'auteur développe tout ce que les partisans de l'école neutre voudraient introduire en France.

tient à un ordre supérieur, ne devra occuper aucune place !

Vous voulez que l'enfant reste fidèle à son Dieu, et vous commencez par lui apprendre comment on peut s'en passer ! Sous prétexte de ne heurter en rien sa religion, vous l'habituez à n'en tenir aucun compte dans les choses les plus sérieuses de la vie !

— Mais la famille, me dit-on? — Messieurs, soyons pratiques et voyons la situation telle qu'elle est. De deux choses l'une : Ou vous parlez d'une école libre, et dès lors il est entendu qu'elle doit se mettre en harmonie avec la pensée de ses fondateurs; ou s'il s'agit de l'école municipale, entretenue sur les fonds communs, celle-là doit répondre aux vœux légitimes des parents, dont elle n'est, après tout, que l'auxiliaire. Or, à part certaines localités spéciales, qui sont d'ailleurs pourvues selon leurs besoins, combien comptez-vous de foyers où règne une autre foi que la croyance catholique?

Vous me dites : La famille est indifférente. — Non Messieurs, pas sur cet article. Ce père, incrédule pour lui-même, veut pourtant que son jeune enfant apprenne la doctrine sainte; cette femme, trop oublieuse des pratiques chrétiennes, serait au désespoir si sa fille était repoussée de la première invitation adressée par le Christ. Les chiffres ont ici leur éloquence. Tous ceux qu'on a fournis dans ces derniers temps prouvent que les parents préfèrent de beaucoup l'enseignement religieux; car ils y amènent en foule les enfants qu'on voulait arracher à nos écoles (1).

Puis, laissez moi vous le dire, il y a là encore une autre mère, dont vous ne parlez pas, mais qui a, elle aussi, ses droits sacrés, parce qu'elle a son cœur et son incomparable tendresse. Cette mère, c'est l'Église, avec laquelle la famille

____

(1) Voir l'excellent *Mémoire sur les progrès de l'esprit antireligieux dans l'instruction publique*, par M. le comte Eug. de Germiny, p. 94 et suiv.

consultée officiellement a refusé de rompre, et qui supplée à ce que celle-ci ne sait pas ou ne voudrait pas faire. Toutes ces voix s'unissent pour réclamer dans le même sens; ensemble elles protestent contre l'élimination funeste et impie que vous prétendez imposer à l'école.

Et lors même que vous apercevriez dans ce groupe un enfant appartenant à une famille dissidente; depuis quand, Messieurs, un protestant sincère a-t-il peur qu'on ne prononce avec respect devant son fils le saint nom de Dieu ou celui du Christ? Depuis quand le croira-t-il perdu, parce qu'on lui aura fait apprendre une page d'Évangile ou qu'on aura expliqué devant lui quelques chapitres de Catéchisme?

Avouez-le donc sans détour; ce n'est point dans l'intérêt des croyances que vous interdirez à l'école tout enseignement religieux. Si vous lui défendez de parler de Dieu, votre intention n'est point de favoriser l'expansion des cultes et leur liberté, mais bien plutôt de faire prévaloir une mesure qui amènera tôt ou tard la ruine et la destruction de tous les cultes.

— Non, reprennent-ils avec assurance. Ce que nous voulons seulement, c'est qu'on ne confonde point les rôles, c'est qu'on laisse à chaque spécialité sa véritable attribution. Que l'instituteur apprenne à lire, à écrire, à compter; qu'il inspire le goût du travail, la tempérance, l'amour de la patrie. Là finit son devoir; plus loin, c'est la fonction du prêtre. Le maître d'école chargé d'enseigner certains articles de foi devient la doublure du ministre de la religion. Comment alors serait-il le mandataire de la commune, de la cité, de l'État?

L'État, Messieurs, c'est à lui qu'on veut faire décerner exclusivement le brevet d'instituteur. Car, sachez-le bien, la thèse de l'école neutre n'est au fond que la thèse socialiste, dans une de ses applications les plus avancées. De quoi s'agit-il? D'arracher l'enfant à la famille pour le placer entre les mains de cet être collectif, impersonnel, qui le jettera dans un moule convenu et en fera ce qu'on appelle un homme des temps modernes.

Et les prétextes ne manquent pas pour motiver cette usurpation.

Vous avez entendu mille fois mettre en avant cette assertion, chère aux démagogues, que la criminalité est surtout le fait de l'ignorance; d'où il suit qu'en généralisant la science, on restreindrait d'autant les ravages du mal et du désordre. En vain les statistiques protestent, en vain l'expérience s'inscrit en faux, faisant voir que le vice lettré va d'autant plus loin qu'il abuse de plus de ressources. En dépit de ces témoignages, il est convenu que la culture intellectuelle tiendra lieu de moralité, et le problème social se résume dans ce dilemme d'un moraliste anglais : *Instruire les enfants ou les pendre* (1).

Si l'État a le droit de punir, il doit avoir aussi celui de prémunir. De même que pour éviter les accidents nocturnes dans nos villes, l'édilité a soin d'entretenir cette lumière publique qui luit pour tous les citoyens et dont tous profitent également ; de même, pour prévenir les malheurs de l'ordre moral, l'autorité civile devra faire briller aux yeux de tous le flambeau de l'instruction nécessaire.

Quelle sera cette instruction? On nous répond : Celle qui est productive. Car l'État vise à l'utilité; ce qu'il cherche, c'est de mettre chacun en position de se suffire. Or, nous ne voyons point que la piété donne le moyen de gagner sa vie. C'est une valeur qui n'est point cotée sur le marché du travail. Aussi l'État n'y touchera pas; et se bornant à ce qui

---

(1) « Supprimez l'école, nous dit-on, il ne reste plus comme moyen d'ordre que la prison ou l'échafaud. » (M. Emile de Laveleye. *L'instruction du peuple* p. 9.) Il paraît bien que l'école ne suffit pas, puisque sur 511 enfants compromis dans les faits de la Commune, 287 savaient lire et écrire. (Du rôle des enfants dans l'insurrection. Rapport du Capitaine Guichard.)

est de sa compétence, il abandonnera l'enseignement religieux au zèle du clergé, aux soins des congrégations qui le secondent.

Je relate, Messieurs, et ne suis ici que simple rapporteur. Mais déjà, si je ne me trompe, l'objection qui nous occupe, a fait du chemin, et tout en avançant, elle s'est démasquée. D'abord, si elle écartait la religion, c'était par respect ; désormais je crains fort que ce ne soit par indifférence. Que lui importe en effet une valeur non cotée? Elle a mis ailleurs son unique nécessaire, *unum necessarium*. La vie matérielle, les moyens de se l'assurer, c'est toute la question ; le reste est affaire de caprice et ne vaut pas la peine qu'on y pense. L'État n'a qu'un intérêt : se préparer des citoyens *productifs* ; aussi est-ce l'objet spécial de l'enseignement qu'il leur impose.

Quant à nous, Messieurs, nous croyons, avec tous les esprits sérieux, que le premier intérêt de l'État est qu'on lui forme des hommes. Soyez littérateur, architecte, militaire, ingénieur, voilà autant de spécialités qui doivent se superposer à un fond commun, je veux dire ce fond d'honnêteté, de justice, de moralité, qui seul est capable de porter l'honneur de la vie. Il soutient aussi la prospérité temporelle des individus et celle des nations ; car le bien-être ne saurait subsister longtemps s'il n'est établi sur l'ordre, sur l'observation du devoir, en un mot sur l'accomplissement de la loi divine.

Et c'est cette condition, première, essentielle, que l'école refusera de chercher ! et c'est ce fondement indispensable que votre enseignement public regardera comme inutile!

Il ne faut pas d'empiètement, dites-vous. Mais l'État devenu instituteur, et surtout instituteur forcé, ainsi qu'on nous en menace, n'est-ce pas déjà l'empiètement le plus grave sur le pouvoir de la famille, sur les droits de la liberté?

Quand vous avez confié à un gouvernement quelconque la gestion de vos affaires civiles, avez-vous prétendu abdiquer entre ses mains les titres que vous tenez de la nature ? A-t-il, pour former vos enfants, ces tendresses qui n'appartiennent qu'au sang d'où il sont sortis, cette intelligence qui vient du cœur paternel et qui ne saurait trouver ailleurs sa lumière ?

Je ne sais si vous l'avez remarqué, le sacrement qui vous a faits époux, n'a point imprimé dans vos âmes de caractère, comme celui qui nous a faits prêtres. Pourquoi cette différence ? C'est que votre sacerdoce, à vous, ne prend pas naissance au pied de l'autel. Il date de ce jour où un dépôt sacré a été remis entre vos mains, où votre vie, se dédoublant, pour ainsi dire, et prenant une nouvelle forme, vous a permis de vous retrouver dans un être charmant et naïf, qui vous souriait en entrant dans la carrière. Et cette existence qui recommence, elle est plus à vous, elle est, en quelque sorte, plus vous-même que votre existence propre ; car il y a en celle-ci beaucoup d'importations du dehors : des impressions reçues dont vous n'avez pu vous débarrasser, des idées toutes faites dont vous n'êtes pas l'auteur ; tandis que dans l'image vivante que Dieu vous donne, vous mettrez ce qu'il vous plaira ; tout y sera marqué de votre sceau, tout subira votre contrôle et portera votre effigie.

Certes, c'est là une œuvre éminemment personnelle, dont la paternité ne saurait se dessaisir. S'il lui faut des auxiliaires, elle-même les choisira, sans se désintéresser de leur action ; et quand elle viendra frapper à la porte de l'école, c'est que sans doute elle la jugera digne de sa confiance, pour continuer l'entreprise commencée tout d'abord au foyer domestique.

De toutes les libertés que nous revendiquons, il n'en est point de plus sainte, ni de plus nécessaire que celle-là.

Nous ne vivons pas apparemment dans la république de

Platon ; et les révolutions qui ont détruit tant de choses, n'ont point encore brisé les liens sacrés de la famille. C'est là qu'il faut chercher la Providence visible qui veillera sur les jeunes années. C'est là, et non dans une administration impersonnelle, qu'on trouvera assez de dévouement pour faire réussir l'œuvre délicate de l'éducation. Vous représentez-vous, Messieurs, ces jeunes et tendres âmes amenées à un bureau, où un employé inconnu en donnera décharge à leurs parents? Comme si votre paternité n'était pas une fonction inamovible; ou comme s'il pouvait y avoir quelque parité entre les obligations qu'elle crée, et celles que l'État impose à ses agents! Un ministre de l'instruction publique peut donner sa démission; un père le peut-il? Et s'il arrive que, de droit ou de fait, le premier soit déclaré irresponsable, le second aura-t-il perdu cette responsabilité attachée à ses flancs, rivée à ses entrailles? Vous le voyez donc, l'échange tenté est deux fois impossible, et le contrat projeté deux fois illicite. Des parties qui sont en présence, l'une ne peut pas aliéner, l'autre ne peut pas recevoir ; quand il s'agit d'éducation, la parenté ne saurait se désister, et l'État, pour sa part, est un incapable.

On me dit qu'il n'a pas de doctrine ; je réponds que c'est précisément pour cela qu'il ne peut se faire instituteur. On m'assure qu'il doit à tous l'instruction pour les prémunir contre le vice ; je réponds que le seul préservatif efficace auquel on puisse recourir, est la formation chrétienne. Qu'on invite la religion à s'approcher et à fournir les éléments d'éducation morale qui ne peuvent venir que d'elle ; que l'État, comprenant son incompétence et le besoin qu'il a du concours de toutes les bonnes volontés, ouvre largement la porte à la libre concurrence. Qu'il favorise l'érection des nouveaux établissements, qu'il encourage à créer partout des écoles, à la bonne heure! Mais s'il entreprend de se substituer lui-même à la famille, s'il ajoute aux lourdes

charges qu'il a peine à porter, la charge plus lourde encore
d'élever l'enfance de tout un pays, nous lui dirons, comme
autrefois le patriarche du désert à Moïse : Tu fais une chose
qui ne vaut rien : *Non bonam rem facis.* Tu prends sur toi un
travail insensé qui te consumera, toi et toute la multitude
dont tu as le soin : *Stulto labore consumeris et tu, et populus
iste qui tecum est ;* l'entreprise est au-dessus de tes forces
et tu ne pourras la conduire à bonne fin : *Ultra vires tuas
est negotium, solus illud non poteris sustinere* (1).

Toutefois, Messieurs, comprenons-le bien, la distinction
des rôles, le prétendu droit de l'État, ne sont, dans la question présente, que des raisons plus ou moins spécieuses.
Au fond, la pensée qui préside à ces innovations insensées,
c'est que le christianisme est en opposition avec nos idées,
avec nos institutions, c'est que l'éducation qu'il donne n'est
compatible ni avec nos lois, ni avec notre régime social (2).
Voilà pourquoi on veut le bannir de nos écoles, comptant
bien que si son enseignement est consigné sous le toit domestique, le plus souvent il sera nul ; que s'il est relégué
dans le temple, il sera bientôt étouffé, ne fût-ce que par
la conspiration du silence ; que d'ailleurs, dans la classe
même où l'on est convenu de s'abstenir, il trouvera non la
neutralité, mais la contradiction en toutes choses.

Telle est, n'en doutez point, l'inspiration secrète à laquelle
se laissent aller les fauteurs du nouveau système. A part un
petit nombre de dupes, dont il est difficile de comprendre
les illusions, ce qu'ils se proposent, c'est d'étouffer, dans son
germe, l'action du Christ sur les enfants du peuple. C'est de
leur faire contracter l'habitude de vivre sans Dieu, du moins,
de reléguer ce qui le concerne à un plan inférieur, d'en
faire un hors-d'œuvre qui ne trouve point de place dans la

(1) Exod. xviii, 18.
(2) Voir le *Temps,* du 10 juin et 17 juillet, 1872.

vie publique, de même qu'il n'en a aucune dans la vie sérieuse et utile.

Et certes, il faut l'avouer, ce plan est habilement conçu ;
il ne pourrait guère manquer de réussir, s'il était généralement accepté et réduit en pratique.

En attendant, nous dirons à ceux qui le propagent : Pourquoi n'avoir pas le courage de vos idées et la franchise de
vos opinions? Au lieu de prendre des détours, proclamez
tout haut que le moule chrétien est usé, qu'il ne peut plus
servir à former les mœurs et le caractère des générations
présentes. A ce Christ qui avait élevé nos pères, qui nous a,
pour la plupart, élevés nous-mêmes, donnez un congé en
règle et définitif en lui disant : Retirez-vous, votre tâche est
finie. Les temps sont changés et vous n'êtes plus à la hauteur des besoins. Il est vrai, vous appreniez à être juste et
honnête, fidèle à sa parole et courageux dans les difficultés
de la vie; nous n'avons plus que faire de cela. Désormais
pour former l'esprit de l'enfant, nous lui enseignerons
l'alphabet; pour régler les mouvements de son cœur, nous
lui montrerons le calcul; qu'il sache en outre un peu de
géographie et qu'il écrive lisiblement un vote : voilà un
citoyen digne d'exercer sa part de souverainneté et de décider par son suffrage des destinées de la patrie.

Pensez-vous, Messieurs, qu'un pareil langage puisse
être pris au sérieux? Il sera convainquant pour tant
d'hommes à qui pèse le joug des préceptes évangéliques.

Malgré l'affaiblissement de la foi, ce que garde le Christ
est encore bien gardé ; et les passions n'arrivent pas sans
obstacle à renverser les barrières qu'il a élevées devant
elles.

Par exemple, Messieurs, il garde le foyer domestique par
la loi de l'indissolubilité; vous entendez des protestations
ardentes, vous voyez parfois surgir des pétitions; c'est en
vain : les mœurs publiques s'opposent à la légalité du divorce,

Il garde la propriété par la loi de la justice. Impossible de travailler plus qu'on ne fait à abolir l'une et l'autre, mais Dieu merci, on est encore peu avancé dans cette odieuse entreprise. Il garde l'ordre social par la consécration de l'autorité. Ici, je l'avoue, beaucoup de ruines s'amoncèlent et l'on cherche avec effroi ce qui reste encore debout ; du moins la notion subsiste, du moins il n'est pas un chrétien qui ne se sente pénétré d'un profond sentiment d'horreur pour l'anarchie. Eh ! bien, n'en doutez pas, tout cela gêne les instincts frémissants du désordre ; ces droits, ces traditions sont pour eux autant de remparts difficiles à renverser ; et les assauts qu'on leur livre tous les jours sont, jusqu'à cette heure, impuissants à les abattre. Combien la tâche serait plus simple, si le champ des esprits était déblayé, si le sol des jeunes intelligences apparaissait libre des principes chrétiens, et qu'on y put installer à l'aise l'orgie sociale qui se prépare !

Il y avait autrefois à Carthage une divinité cruelle, qui ne pouvait être apaisée que par des sacrifices sanglants. Chaque année elle prélevait sur les familles un tribut plein de deuil et de larmes ; c'était la fleur de la jeunesse africaine qu'on jetait dans les bras ardents du monstre et qui devait y périr dévorée par les flammes.

En vérité, Messieurs, le dieu homicide a reparu. A cette idole du socialisme, qui se dresse devant nous, il faut une hécatombe de victimes choisies. Ce n'est plus un nombre limité de familles qui la devra fournir, c'est la jeunesse française tout entière, qui devra être enfermée dans ces embrassements d'airain et livrée sans espoir aux feux destructeurs qui l'attendent.

Car enfin, cette école sans Dieu, sans Christ, sans aucun jour sur le ciel, qu'est-ce autre chose qu'une prison où l'on étouffe ? Attendez, elle va devenir une fournaise où se consumera tout ce que vous lui aurez confié. Point de matière

plus prompte à s'enflammer que l'âme de l'enfant ; point de
contact plus propre à lui faire prendre feu que ceux de l'école.
Comment éviter l'embrasement, quand la religion ne veillera plus, quand il sera interdit à la prière d'élever la voix
et à la conscience chrétienne de pousser son cri d'alarme ?
A moins d'un miracle, semblable à celui qui préserva les
trois Israélites dans les feux allumés par Nabuchodonosor,
j'ose prédire que l'enfant qui viendra à cet enseignement,
sera d'avance un enfant sacrifié. L'immolation que vous
commandez est plus cruelle que celle de Carthage ; la fournaise que vous préparez de vos mains est mille fois plus
terrible que celle de Babylone.

Vous n'accuserez point ma parole d'exagération, Messieurs, si vous voulez bien encore me suivre un instant. Je
vous ai exposé avec sincérité, et en les réduisant à leur valeur, les motifs qu'on met en avant pour déshériter l'enseignement primaire de tout élément religieux. Pour tenir ma
promesse, j'ai maintenant à examiner avec vous, si, après
cette suppression, l'école pourra encore accomplir l'œuvre
dont elle est chargée.

II

Avant tout, Messieurs, posons un principe certain, qui
domine toute cette matière. Quand il s'agit de l'enfant, et
surtout du premier âge, l'instruction qui s'adresse à l'esprit, et l'éducation qui embrasse la vie morale toute entière, ne sauraient jamais être séparées.

Mais, me dites-vous, ne peut-on créer ici deux départe-
ments et avoir comme deux administrations distinctes ?

Impossible, Messieurs ; j'en appelle à tous les hommes

d'expérience. Et la raison de cette impossibilité c'est que l'enfant est indivisible ; c'est que sa vie, bien que complexe, est parfaitement une, et que vous ne sauriez en cultiver une portion sans agir en même temps sur toutes les autres.

Plus tard, quand l'homme aura équilibré son existence, quand il tiendra d'une main ferme le gouvernail de ses principes et de ses convictions, plus aisément il pourra s'aventurer au milieu des courants opposés, et même emprunter à des vents contraires une force qui favorisera son voyage. Mais cette pauvre petite nacelle, sans rames, sans pilote, comment voulez-vous qu'elle se dirige elle-même et n'aille pas à l'aveugle du côté où elle se sent entraînée ?

L'enfant ne sait rien réserver, il va d'un bond et tout d'une pièce, à qui sait, à qui veut le prendre. Ce n'est point à tel moment déterminé que vous pouvez limiter le soin de sa formation ; tout ce qu'il voit, tout ce qu'il entend y contribue ; un mot, un geste suffit pour produire une impression ineffaçable. Aussi n'est-ce qu'avec précaution qu'il faut s'approcher de lui. Quiconque parle ou agit en sa présence, lui doit cette retenue que les païens eux-mêmes réclamaient par respect pour le jeune âge. Point de contact qui ne soit utile ou funeste ; point de société qui ne puisse lui apporter la vie ou la mort.

Et l'on voudrait que de longues heures de classe n'exercent pas sur lui une influence décisive ! Transportée dans un milieu où la lumière du christianisme ne pourra pénétrer, vous voulez que cette tige grandisse, comme si elle était en plein soleil, et que cette fleur se colore, comme si rien ne manquait à sa sève. Parce que la religion ne lui envoie plus ses chauds et doux rayons, la plante croît à l'ombre, comme ces pâles végétaux auxquels a manqué le sourire de l'astre du jour ; sa culture morale est frappée de stérilité ; attendez-vous non à une œuvre de salut, mais à une œuvre de ruine et de destruction.

En effet, Messieurs, la formation qu'on essaye sans le Christ n'a pas de base, elle ne saurait montrer le but, encore moins fournir les moyens d'y arriver.

A toute éducation il faut un double fondement : l'autorité du maître qui enseigne, et celle de la leçon qu'il fait entendre. Or, ni l'une ni l'autre ne saurait s'établir, si la religion n'intervient pour la sanctionner.

Connaissez-vous un crédit plus nul que celui de l'instituteur que ne relève pas aux yeux de son élève une pensée de foi? Où est le respect qu'on lui accorde? Où est le tribut d'obéissance qu'on lui paye? L'enfant paraît soumis ; mais ne cède-t-il pas à la nécessité ou à la contrainte? Et s'il en est ainsi, au lieu d'un acte moral, vous n'avez qu'une régularité extérieure, sur laquelle on n'asseoira point un édifice solide. Entendez les conversations auxquelles il se livre ; pénétrez dans sa pensée intime et voyez les sentiments dont il est animé. Ce qu'il ressent pour ses maîtres est-ce de l'affection? est-ce de la gratitude? Du moins sera-ce de l'estime, ou même de la simple indifférence? Messieurs, je rougis de le dire : là où Jésus-Christ n'apparaît plus, la disposition qui domine ordinairement, n'est pas seulement l'aversion, mais le mépris. Oui, l'enfant méprise en secret, et parfois en public, l'autorité devant laquelle il faut qu'il s'incline. Il lui tarde d'échapper à un joug qu'il porte impatiemment, qu'il a déjà rompu dans sa pensée et dans ses désirs. La révolte est toute armée dans son cœur, en attendant l'heure où elle éclatera au dehors; et de là peut-être on ne tardera pas à la transporter sur un plus vaste théâtre.

Je touche ici la plaie vive de la France. Nous périssons parce que nous ne connaissons plus le respect. Mais pourquoi, Messieurs, ne connaissons-nous plus le respect, sinon parce que Dieu n'apparaît plus dans l'autorité qui le réclame. Demandez à nos écoles catholiques, si elles fondent l'éducation sur ces dédains superbes. Je l'avouerai volontiers, l'esprit d'indépendance qui caractérise notre siècle, s'insinue parfois jusque dans les maisons les mieux ordonnées. Mais il y a cette différence, que là où règne la religion, le pouvoir est encore debout; partout ailleurs il est à bas ou n'a qu'une existence factice et précaire.

Et la leçon du maître, sur quoi l'appuierez-vous? Bon gré, mal gré, vous parlerez à l'enfant de ses obligations, de ses devoirs. Mais ce devoir, qui l'impose? et cette obligation, qui l'établit? Vous allez en appeler à l'évidence; et c'est précisément cette évidence que l'on nie. Vous ferez intervenir le sentiment commun; l'enfant se dira tout bas que ce n'est peut-être qu'un préjugé comme tant d'autres. Si la volonté cède, la raison ne sera pas convaincue; et elle sera dans son droit, parce qu'en définitive, nul lien moral ne saurait exister sans un commandement qui l'établisse. Est-ce celui d'un homme? il est trop faible. Est-ce celui de la société? elle n'a pas cette puissance. Vous voilà donc avec des principes bâtis en l'air, avec des obligations flottant dans le vide, avec des devoirs relativement difficiles, que vous cherchez à inculquer à l'enfant sans être en état de lui en rendre compte.

On me dit : Ils sont une loi de la nature. Oui, Messieurs, la nature les notifie, parce qu'en même temps elle fait voir leur racine, qui est Dieu. Vous supprimez cette racine et vous prétendez que l'arbre tienne encore ! C'est folie. Au lieu d'une réalité, vous n'avez plus qu'une apparence, au lieu de principes, une fiction, au lieu d'un lien sacré, un joug arbitraire, auquel on échappera dès qu'il sera possible de le secouer. Dans ces conditions, ne croyez pas que votre instituteur crée jamais au cœur de l'enfant l'amour du devoir, il n'y prépare au contraire que le doute et un incurable scepticisme.

Ne m'opposez pas que le ministre de la religion viendra à

son tour compléter la leçon et en donner la raison dernière. Cela, Messieurs, pourrait être vrai, si les deux enseignements marchaient d'accord. Mais du moment que l'école fait bande à part, du moment qu'on lui interdit toute entente avec le sanctuaire, son silence discrédite d'avance les affirmations du sacerdoce. Placé entre deux maîtres dont l'un parle de Dieu, de ses préceptes, de ses jugements, tandis que l'autre se tait obstinément sur tous ces dogmes, l'adolescent aura bientôt fait son choix ; et il est entendu que ce choix tombera sur la doctrine qui le gêne le moins. Une voix lui annonce des vérités sévères, il la laissera se perdre dans le vide ; l'autre lui prêche une morale humaine plus facile et surtout moins prouvée ; peut-être l'acceptera-t-il provisoirement, en attendant qu'il la rejette et se mette complétement à l'aise.

Donc, Messieurs, point de base pour appuyer la formation de l'homme. Serez-vous plus heureux quand il s'agira d'en dessiner le plan, d'en assigner l'objet ?

Il est une question qui doit être résolue tout d'abord, parce que la réponse qu'on y fait, décide de toutes les autres. Pour quel but sommes-nous ici-bas et quelle est la véritable explication de ce mystère, qui s'appelle la vie ?

Vous renvoyez ces détails à la famille, au ministre des autels. Et il arrive le plus souvent que le père est incapable ou absorbé par un travail de toutes les heures ; et le prêtre, que vous avez relégué dans le temple, n'intervient qu'à de rares et de courts moments, qui ne lui laissent qu'une influence illusoire. Pendant ce temps, l'homme de tous les jours, celui que vous assignez comme guide à cette jeune et frêle existence, la laisse flotter au hasard. La voit-il s'éloigner de Dieu, de la prière, il lui est défendu de faire effort pour l'y ramener ; que dis-je ? Il faudra que son abstention confirme les égarements et contribue à les rendre irréparables. Que l'enfant sache lire un journal, tenir une plume, voilà l'intérêt suprême pour l'instituteur ; peu lui importe, après cela, dans quels abîmes aura sombré la religion ou la vertu de ses élèves.

En vérité, Messieurs, quelle idée vous faites-vous de ces augustes fonctions et quel cœur supposez-vous à celui qui les exerce ?

Substitut de la parenté, homme de confiance des familles, qui lui remettent ce qu'elles ont de plus cher, l'instituteur tient dans sa main l'avenir d'une localité tout entière. Si son école est un foyer d'honneur, de moralité, il en sortira des générations chastes, dévouées au bien, fidèles au devoir. Mais si, au contraire, elle se laisse envahir, comme il arrive trop souvent, par la corruption, par le désordre, elle ne rendra au pays qu'une jeunesse perverse et déshonorée.

Or, voilà que vous privez cette enceinte de la seule digue qu'elle pût opposer au flot montant des instincts sensuels. La parole qui y retentit, vous la dépouillez de tout caractère supérieur. L'enseignement qui s'y donne, vous le forcez à se traîner terre à terre, sans qu'il puisse jamais lever les yeux au ciel, ni suivre l'inspiration qui le ferait remonter à sa source. Par suite, ce maître placé si haut en vertu de sa mission bien comprise, vous le rabaissez, vous l'annulez en lui enlevant tout ce qui ferait sa force. Aveugle, à qui il n'est plus permis de voir le but, à qui il est défendu de le montrer et qui néanmoins doit en conduire d'autres plus aveugles encore. Qu'arrivera-t-il, dit l'Écriture, sinon que tous ensemble tomberont dans le précipice : *Cæcus si cæco ducatum præstet, ambo in foveam cadunt* (1).

De grâce, Messieurs, n'assimilez pas la position de l'instituteur à celle de ces professeurs auxiliaires que vous appelez, par exemple, pour enseigner une langue vivante à vos enfants. Ceux-ci n'ont qu'un rôle accessoire, celui-là a un

____

(1) Matt. **xv**, 14.

rôle principal. Les premiers paraissent un instant et s'en vont ; l'autre demeure à son poste pour être le lieutenant des familles et le représentant de l'autorité paternelle. Quand vous aurez découronné cette profession, quand vous lui aurez enlevé tout moyen d'être utile, trouverez-vous encore des hommes pour accepter de votre main un mandat amoindri et rendu impossible ?

Hélas ! oui, vous en trouverez, parce que les avantages pécuniaires séduisent toujours ; mais, laissez-moi le proclamer hautement, ceux qui se présenteront alors ne seront ni les plus honorables, ni les plus dignes.

Il y a plus de logique qu'on ne pense dans l'instinct qui pousse les novateurs à ne pouvoir tolérer dans nos écoles l'habit religieux. La seule présence de ces hommes voués à la prière, dont vos académies ont couronné la vertu, de ces vierges consacrées à Dieu, dont le monde entier publie les louanges, témoigne hautement de la dignité qui s'attache à cet humble ministère. Avec eux la religion est là, étendant sur ces jeunes générations son manteau maternel, soit pour leur dérober la vue des scandales qui tuent, soit pour rapprocher les cœurs et échauffer en eux les saintes affections qui vivifient. On sent sa douce influence ; on ne résiste pas toujours à l'élan qu'elle communique ; car, semblable à l'aigle de nos Écritures, elle aspire le vent des montagnes et lui ouvre ses ailes, provoquant ses aiglons à s'élever, à s'élancer avec elle jusqu'à ces sommets lumineux. Rien de plus haut que ce vol, rien de plus grand que cette mission.

Aussi, vous avez beau dire, l'école que vous appelez congréganiste, honore toutes les autres : elle montre l'estime de la religion pour l'enseignement élémentaire, le respect dont elle entoure ceux qui le distribuent.

En écartant le Christ dans la personne de ses serviteurs, c'est à la profession même que vous portez un coup mortel :

D'un service social, vous faites une spéculation égoïste ; et de ce qui devait être un sacerdoce, vous allez faire un métier.

Point de base, avons-nous dit, et point de but. J'ajoute encore, Messieurs, point de moyens efficaces.

Que faut-il à l'enfant ? Des habitudes. Elles ne sont pas seulement une seconde nature, mais une seconde nature plus forte que la première et qui triomphe de toutes ses résistances. Voyez, par exemple, les exercices prodigieux de nos cirques, les tours de force ou d'adresse de nos gymnases. Seraient-ils possibles, si, de bonne heure, on n'y avait été façonné. Et l'artiste qui vous charme, et le savant qui vous ravit d'admiration, qu'ont-ils pour eux, à part le talent, sinon des habitudes qui vous sont étrangères ?

De même, Messieurs, la vertu est un pli de l'âme, une courbure de ses facultés dans le sens de ce qui est honnête et pur. Durant ces longues heures qu'on passe sous la surveillance d'un maître, il est impossible que l'esprit et le cœur de l'enfant ne commencent point à prendre une certaine inclinaison, qui se prononce de plus en plus, soit vers le bien, soit vers le mal. Ne pensez pas que l'école rende son élève tel qu'elle l'a reçu. Outre ce petit bagage littéraire qu'auront fourni les leçons de chaque jour, on verra se dessiner des mœurs nouvelles, le caractère s'accentuera par des traits plus prononcés ; déjà s'ouvrira cette voie, dont parle la Sainte-Écriture, où l'homme adolescent commence à marcher et qui sera encore celle que suivra sa vieillesse (1). Plaise à Dieu, Messieurs, que la jeune âme soit orientée du côté de ce pôle qui s'appelle le travail, la régularité, la discipline ! Mais quand ces habitudes seraient formées, sachons bien qu'elles ne se suffiront pas, si elles n'ont encore une autre garantie.

Il faut à la vie adulte un contrôle ; il lui faut un régula-

(1) Adolescens juxta viam suam, etiam cum senuerit, non recedet ab ea. (Prov. XXIII, 6.)

teur. Pour elle la surveillance du dehors va cesser, c'est donc celle du dedans qui commence.

Ne l'oublions pas, Messieurs, en prévision des luttes que prépare l'avenir, la grande préoccupation de l'instituteur doit être de faciliter au jeune homme une rapide concentration de toutes ses forces vives, à un moment donné. Le point de ralliement de ces forces, le lieu où elles se rassemblent et sont passées en revue, c'est la conscience. La conscience en effet les suit et les juge dans chacune de leurs évolutions; à elle appartient le commandement de l'homme. A elle d'ordonner le combat, de réparer les échecs, de prévoir la possibilité des retours offensifs et de mettre de son côté toutes les chances de victoire.

Les habitudes et la conscience, tels sont donc les deux colonnes qui portent tout le poids de la vie morale. Si vous n'avez pas réussi à les établir, les connaissances dont vous aurez meublé l'esprit, ressemblent à ces décors dont on orne un bâtiment ruineux, ou plutôt à ces armes dangereuses qu'on remet entre des mains capables d'en faire bientôt le plus fatal usage.

Vous parlez de l'intérêt de l'État; vous dites qu'il lui importe d'avoir des citoyens lettrés; certes, il lui importe bien davantage encore d'avoir des hommes de probité et d'honneur, de fonder dans ceux qu'on lui prépare, et la conscience du devoir et le courage de la vertu.

Eh bien! Messieurs, je vous le demande, sont-ce de tels hommes qui sortiront de l'école neutre? Si votre conviction à cet égard n'est pas encore formée, que n'écoutez-vous la réponse irréfutable de l'expérience? Car enfin les faits sont là et ne confirment que trop nos tristes pressentiments.

L'Amérique a voulu essayer ce système. Demandez aux esprits sérieux de ces vastes contrées quels fruits en ont été recueillis. Ils vous répondront que l'école neutre est un arbre stérile, bien plus, un arbre de mort; que rien n'égale la corruption qu'elle recèle dans son sein, ni le dégoût que les enfants eux-mêmes témoignent bientôt pour elle. Ainsi parlent non-seulement les évêques catholiques, rassemblés en concile plénier à Baltimore, en 1866; mais les inspecteurs publics, chargés par le gouvernement d'une enquête officielle (1).

Aussi un évêque protestant d'Angleterre s'écrie qu'il aimerait mieux voir le mahométisme enseigné dans les pensions de son diocèse, que d'y voir s'implanter ces écoles d'où la religion est complétement bannie (2). Et le pasteur anglican a raison; car, à tout prendre, le dogme musulman vaut mieux que l'athéisme; la loi du Coran fera moins de mal que l'effacement absolu de toute idée religieuse.

Aussi, Messieurs, de l'aveu même de nos adversaires, les écoles neutres ne peuvent fleurir sur le sol anglais. Bien que divers règlements, portés à l'occasion de tant de sectes rivales, aient assigné à l'explication de la doctrine évangélique, dans les classes, un temps spécial, et donné aux élèves la liberté de n'y pas paraître, les absences sont rares à ce moment; parents et enfants répugnent à cette désertion ; en dépit des dissidences, le sentiment public y est opposé (3). C'est que le bon sens tout seul démontre l'alliance nécessaire des deux enseignements. Ce que Dieu a si intimement uni par la loi de la nature, ce ne sont point les folles utopies de l'homme qui le doivent jamais séparer.

Laissons, Messieurs, laissons à nos ennemis d'hier le privilége de renouveler pour eux-mêmes de si fatales expériences. Jusqu'à ces derniers temps leurs écoles étaient *confessionnelles;* la religion y avait la haute main, et c'est

____

(1) Voir les rapports de M. Randall, surintendant des écoles à New-York, du R. M. Nortrop, agent du comité d'éducation aux Massachusetts, celui du commissaire officiel pour l'Ohio, etc., etc. M. de Laveleye lui-même est obligé de le reconnaître. (*L'Instruction du peuple*, 2ᵉ partie, p. 376.)

(2) L'évêque d'Ely (pays de Galles).

(1) Voir l'article déjà cité de M. Esquiros.

sans doute à cette organisation qu'ils ont dû de conserver, bien autrement que nous, l'esprit d'ordre et de régularité qui a fait leur force. Maintenant les voilà qui se lancent dans une voie contraire. Ils expulsent les religieux, ils ferment la classe élémentaire au prêtre et au pasteur; leur occupation principale semble être d'éliminer de toutes choses l'élément chrétien auquel ils doivent tout, pour mettre à la place cette école que les prélats catholiques d'Allemagne, réunis à Fulda, appellent si justement une *anti-famille* et une *anti-Église* (1).

Voulons-nous émettre, à leur endroit, le vœu le plus cruel que puisse formuler un ennemi, nous n'avons qu'à les encourager à marcher dans cette voie. Oui, qu'ils se dressent en persécuteurs, qu'ils sèvrent leur enseignement de christianisme, qu'ils achèvent de répudier la religion ; soyez sûrs que jamais leurs succès contre la France ne les auront élevés si haut, que cette animosité contre eux-mêmes ne les fera descendre.

Mais non, ne parlons pas ainsi, car je paraîtrais oublier cette catholique Alsace, cette fidèle Lorraine, sœurs bien-aimées, que le glaive a violemment séparées de nous, et qui dans leur malheur, donnent au monde le plus grand exemple de patriotisme qu'on ait jamais vu. Tandis qu'elles pleurent, avec des larmes de sang, le sacrifice que la nécessité nous impose, le régime de l'école neutre, auquel on les soumet, n'est pas de nature à les consoler, ni à leur faire perdre de vue leur parenté avec la France.

Pour nous, Messieurs, nous avons dû laisser amputer nos membres; nous laisserons-nous maintenant arracher le le cœur?

Le cœur de notre pays, c'est sa foi religieuse. Si vous voulez qu'elle revive, n'empêchez pas le Christ de former vos

---

(1) *Memorandum* des évêques allemands réunis à Fulda (Septembre 1872).

enfants et ne lui fermez pas l'entrée de vos écoles. Aussi bien, il faut au premier âge plus d'exemples encore que de préceptes. Il a besoin, pour être impressionné, de ce modèle doux et aimable, que lui présentent les horizons de Bethléem, que lui montrent les perspectives de Nazareth et du Calvaire. Oui, bien plus encore que l'âge mûr, les jeunes années de la vie veulent avoir leur idéal. Ne leur enlevez pas celui que le ciel leur a donné et n'effacez pas la trace lumineuse par laquelle Dieu lui-même leur marque la route. Quand vous avez placé devant le regard de l'enfant ce Christ qui a voulu, lui aussi, être enfant à son heure ; quand vous avez raconté, avec l'Évangile, sa grâce et sa douceur, sa simplicité et sa sagesse, soyez sûrs que vous avez pénétré plus avant dans cette âme naïve que vous n'auriez pu faire par les plus beaux discours. Les tableaux que vous avez tracés y resteront ; ils deviendront la lumière dans laquelle on marchera, le type d'après lequel plus tard on jugera sa vie entière.

Je plaindrais sincèrement l'instituteur qui se priverait lui-même ou que violemment on aurait dépouillé de ces précieux avantages. Par suite des mutilations opérées dans son enseignement, il verrait son œuvre frappée de stérilité ; lui-même ressemblerait à ces êtres disgrâciés et malheureux à qui la nature a enlevé l'espoir d'être pères.

Et maintenant, Messieurs, l'heure est solennelle ; et de toutes les discussions qui vont influer sur l'avenir, celle qui concerne l'école est peut-être la plus décisive.

Voyez, derrière nous, toutes ces générations dont le Christ a été l'instituteur. Longtemps elles vinrent à lui avec des traditions farouches, avec un sang à demi sauvage, qui ne respirait que la guerre et les combats, avec des habitudes de désordre qui semblaient passées non-seulement dans leurs mœurs, mais aussi dans leur nature. Le maître leur infusait peu à peu un esprit nouveau ; sa douceur corrigeait l'âcreté de leur caractère; et de ces races si rudes il faisait la souche bénie des peuples civilisés. Ce ne fut point l'œuvre d'un jour; et parce que chaque légion d'enfants qui se lève à son heure, apporte le germe des mêmes vices, on peut dire que pour chacune d'elles se renouvelait le miracle de cette heureuse transformation.

On veut aujourd'hui que le Christ cède la place; on prétend installer, comme son successeur, un enseignement qui ne parlera plus ni de l'âme, ni de Dieu. Soumis à cette influence, le fleuve de la civilisation va-t-il s'arrêter? va-t-il suivre son cours?

Pour moi, Messieurs, je dis sans hésiter : il reculera, il retournera en arrière. Les passions ne trouvant plus de frein, les instincts pervers n'ayant plus d'antidote, chaque année nous perdrons du terrain, et toute génération qui viendra sera pire que la précédente. Le flot d'un radicalisme impie monte déjà de toute part; que sera-ce quand il ne rencontrera plus d'obstacle et quand toutes les écoles lui verseront à la fois leur tribut? Avec un pareil régime, un quart de siècle suffirait pour rendre tout ordre impossible et pour nous acculer aux frontières de la barbarie.

(Reproduction intégrale interdite sans autorisation des éditeurs.)

PARIS. — E. DE SOYE ET FILS, IMPR., 5, PL. DU PANTHÉON.

POUR PARAITRE LE 15 JANVIER 1873.

ÉTUDES BIBLIQUES
Par M. L'ABBÉ LEHIR

JOB

CANTIQUE DE DÉBORA

TRADUCTION ET COMMENTAIRE

DU RHYTHME CHEZ LES HÉBREUX

PRÉCÉDÉ D'UNE INTRODUCTION

Par M. l'abbé GRANDVAUX
Directeur au séminaire de St-Sulpice.

1 beau volume in-8°. . . . . 6 fr.

Nous sommes heureux d'annoncer aux amis de la religion, de la science biblique et de la belle littérature, un volume du plus haut intérêt.

Il n'est pas en effet un seul élève de M. LEHIR qui ignore que l'œuvre de prédilection de cette vaste et vigoureuse intelligence était son commentaire et sa traduction du LIVRE DE JOB. C'est la partie principale du livre que nous imprimons, lequel commence la série des œuvres inédites de l'illustre professeur.

M. LEHIR n'ayant rien préparé en vue d'une publication prochaine, M. l'abbé GRANDVAUX, le savant éditeur de ses œuvres et de ses pensées, a suppléé aux lacunes par une longue introduction qui remplit largement les vides laissés par l'auteur.

CONFÉRENCES

DE

NOTRE-DAME DE PARIS

AVENT 1872

PAR LE R. P. MATIGNON

DE LA COMPAGNIE DE JÉSUS

JÉSUS-CHRIST ET LA FRANCE

Sixième Conférence

JÉSUS-CHRIST MORALISTE

PARIS

A. JOUBY ET ROGER, ÉDITEURS

7, rue des Grands-Augustins, 7

CONFÉRENCES DE NOTRE-DAME

JÉSUS-CHRIST MORALISTE

MESSEIGNEURS (1),

MESSIEURS,

Nous avons apprécié à sa juste valeur l'entreprise aujour-
d'hui fort accréditée, qui consiste à fermer la bouche à l'instituteur sur tout ce qui concerne les matières religieuses.
Les motifs mis en avant pour lui imposer ce silence ne se
présentent pas tous avec la même sincérité. On parle de
liberté de conscience ; tandis qu'en réalité, c'est la conscience qu'on étouffe et qu'on opprime. On se prévaut d'un
respect impartial envers les différents cultes ; et de fait, ce
sont tous les cultes qu'on voudrait supprimer équivalemment. Aussi à travers ces équivoques et ces subterfuges,
une seule pensée se fait jour, un seul but véritable et ar-

(1) Mgr Guibert, archevêque de Paris, Mgr de Marguerye, chanoine de
Saint-Denis, et Mgr Laflèche, évêque de Trois-Rivières (Canada).

demment poursuivi se démasque ; nous assistons, Messieurs, à une formidable levée de boucliers contre le Christianisme ; et sous prétexte d'une simple séparation, c'est une guerre acharnée qu'on lui prépare.

Pour anéantir Israël, le vieux Pharaon avait trouvé un procédé sommaire, qui était de faire jeter dans le Nil tous les enfants mâles de cette nation, au moment même de leur naissance. C'est également aujourd'hui sur toute la génération nouvelle qu'on étend la main ; avec cette différence que le même traitement s'appliquera aux deux sexes : *Sapienter opprimamus* (1), toujours la violence doublée d'astuce, toujours les mesures tyranniques mêlées d'une odieuse hypocrisie.

Mais en même temps que la religion, l'école en reçoit aussi un coup mortel. Son œuvre, qui devait être la formation de l'enfant et la préparation de l'homme, n'a plus ni point de départ certain, ni objet arrêté, ni moyens efficaces. Privée d'un concours nécessaire, elle ne saurait réussir soit à éclairer l'esprit, soit à régler le cœur ; elle ne fonde pas des habitudes, elle ne constitue pas la conscience. En sorte que le plus grand fléau, pour un pays, serait qu'un pareil système arrivât à y prévaloir et que ces fatales idées vinssent tout à coup à s'y abattre.

Elles tiennent, Messieurs, à une autre erreur, née subitement de nos jours, et qui tend également à enlever à notre Christ une de ses sublimes prérogatives.

La plus grande école de morale qui ait existé dans le monde, c'est sans contredit celle qu'il a fondée. A la diffé-

(1) Exod. I, 10.

rence de cet enseignement occulte, de ces académies fermées des anciens philosophes, l'univers entier est devenu pour lui une tribune ; et les siècles ont transmis aux siècles l'écho de ses divins préceptes. Voyez encore, dans notre France, ces quarante mille chaires, d'où descend constamment l'exhortation ; sans compter que chaque foyer chrétien est un centre pour l'enseignement, que chaque école, restée fidèle à sa mission, explique la doctrine, qu'un nombre infini de bouches la propage, qu'une multitude non moins considérable de livres la commente. Le Décalogue franchit les montagnes, traverse les mers ; rien n'entrave son essor, rien n'égale la publicité qui lui appartient. Si les hommes n'y conforment pas leurs mœurs, du moins ils ne pourront, pour la plupart, prétexter l'ignorance.

Il faut, Messieurs, écouter avec respect cette grande voix de l'apostolat moral et chrétien. Il faut saluer religieusement cette magnifique institution, en vertu de laquelle le Sinaï est partout, et partout aussi la montagne des *Béatitudes*. Le Christ y parle par tous les organes qu'il s'est faits ; seul il soutient la sainteté du devoir contre la ligue des passions, contre la conspiration des doctrines négatives ; aussi vous pouvez dire sans crainte qu'on lui doit le peu de vertus qui restent encore dans nos populations, et que la moralité humaine repose sur lui tout entière.

Il se fait pourtant en ce moment un effort désespéré pour renverser cette chaire du Christ. A tout prix on veut séparer de lui la morale, comme on aura déjà séparé de lui l'école. A une société qui périt parce qu'elle n'a plus de principes, on vient dire que les principes ne sont pas nécessaires. Quand nous nous éteignons par défaut de foi, on nous affirme que la foi n'a rien à faire avec la pratique. Mettre d'un côté les obligations de l'homme, de l'autre, les croyances; briser tout lien des unes aux autres et creuser entre elles un abîme infranchissable : voilà le programme; et ce programme s'appelle la *morale indépendante*.

Puisque le mot a fait quelque fortune, nous aborderons aujourd'hui la doctrine qui l'a mis en avant. Nous n'aurons pas de peine à nous convaincre qu'au point de vue de l'homme individuel, elle est incapable de fonder aucun devoir; et que considérée dans ses conséquences sociales, elle n'est que la négation et la destruction de toutes choses.

I

Supposons, Messieurs, qu'un étranger abordant pour la première fois sur notre territoire, vienne à vous demander : Existe-t-il en France une législation ?

Pour réponse, vous lui montrerez le Code ; mieux encore, vous ouvrirez devant lui le Bulletin des lois et vous lui direz : Voici les documents, rien de plus aisé que de vous convaincre par vos propres yeux.

De même, si quelqu'un m'interroge sur l'existence d'une loi naturelle dans l'humanité, je me contenterai d'ouvrir un autre livre qui se trouve partout, puisque chacun le porte en soi-même. On y lit sans peine la distinction du bien et du mal. Et dans cette notion, avec laquelle l'enfant vient au monde, se trouve déjà en abrégé toute la morale.

Comme nous avons eu occasion de l'observer précédemment, ce fait psychologique ne ressemble à aucun autre.

Ce n'est point seulement une différence spéculative qu'il signale ; il prend immédiatement un ton impératif, proscrivant, défendant certains actes, tandis qu'il en commande d'autres, comme marqués au coin d'une obligation rigoureuse. Je ne sais quel sentiment profond, spontané nous avertit que notre liberté est circonscrite par une ligne, qu'à la vérité nous pouvons franchir, mais non sans nous rendre coupables et sans encourir la responsabilité de la faute commise.

Ainsi parle la conscience. Son langage est-il d'accord avec la réalité ? La distinction qui se produit dans nos idées, est-elle aussi dans les faits, et s'impose-t-elle à nous comme une règle obligatoire ?

J'avoue, Messieurs, qu'avant d'accepter un ordre, j'ai besoin de savoir de qui il émane. Avant de courber la tête, je veux connaître le pouvoir devant lequel je m'incline ; et parce que je suis un être vivant, il faut, pour m'obliger, une autorité vivante ; et parce que je suis une volonté libre, je ne puis être lié que par une volonté supérieure. Conscience, conscience, auguste instinct, voix immortelle, tu m'apportes des décrets auxquels tu veux soumettre ma liberté ; m'y fais-tu voir auparavant une signature authentique ?

Oui, certes, elle la montre ; et c'est pour cela qu'elle a droit d'être écoutée. Un commandement qui n'en serait pas revêtu n'aurait aucune valeur. Pas un de ceux qu'elle notifie, qui ne porte avec lui un nom facile à lire, et ne soit muni d'un cachet impossible à contrefaire. Le nom, Messieurs, est celui de Dieu ; le sceau inimitable appartient à l'auteur même de notre être.

La loi gravée au fond de l'âme humaine n'est que le reflet et la reproduction abrégée d'une autre loi imprimée dans l'intelligence même du Créateur. Parce qu'il est la justice, il veut que nous soyons justes ; parce qu'il est la vérité, il ne veut pas que nous aimions le mensonge. Tout en respectant la liberté qu'il a créée, il lui indique la voie à suivre et lui fait un devoir de ne pas abuser des dons qu'elle a reçus, en se mettant en désaccord avec les harmonies éternelles.

C'est ainsi, Messieurs, que l'ordre divin est promulgué dans l'humanité. A peu près comme dans un corps d'armée, le commandement émané du quartier général est bientôt répété par tous les officiers des divers grades et porté du premier rang jusqu'au dernier. Le lien hiérarchique est visible ; et chaque soldat, en obéissant à son capitaine, sait bien qu'il obéit au général en chef. Ainsi la conscience est le capitaine qui répète une consigne venue de plus haut. En me soumettant à sa voix, je ne puis ignorer que je me soumets à Dieu, parlant par son naturel interprète.

Mais il n'en est plus de même, si j'écoute les partisans de la morale indépendante. Eux aussi, il est vrai, me font voir un ordre. L'ordre n'est pas signé et c'est à bon droit que je le conteste. — Il vient de la conscience, me disent-ils. — Mais cette conscience, telle que vous la faites, a-t-elle le mot d'ordre pour se faire reconnaître et prouver sa délégation ? Messieurs, on vous défend de le demander ; et nous ne pouvons par conséquent savoir au nom de qui elle se présente.

En vain ils affirmeraient que c'est au nom de l'humanité. La preuve que l'humanité n'est pas l'origine du commandement, c'est qu'elle s'en plaint, qu'elle le viole sans cesse ou du moins ne le subit qu'avec peine. Voulût-elle nous l'imposer, elle n'en aurait pas le droit ; car dans une collection d'êtres semblables à nous, le nombre ne peut donner un pouvoir que la nature n'a mis en personne.

Vous le voyez donc ; il n'y a plus de raison d'obéir. Si vous le faites, ce sera par instinct, par habitude peut-être, non sur un motif sérieux dont vous puissiez rendre compte.

En réalité, Messieurs, j'entends au fond de moi-même deux voix contradictoires et parfaitement distinctes. L'une me dit : N'étends pas ta main sur le bien d'autrui. Et l'autre me crie encore plus fort : Prends, quand tu le peux, ce qui est à ta convenance. Si le gendarme n'est point là, pourquoi voulez-vous que je n'écoute pas la seconde aussi bien que la première ?

La conscience m'arrêtera : Oui si elle a Dieu derrière elle. Autrement que reste-t-il, sinon deux impressions entre lesquelles je me trouve placé, sans que l'une ait plus de titres à me diriger que l'autre. Songez-y, Messieurs, ces théories, qui semblent purement spéculatives, ont de terribles contre-coups dans la société. Du moment que vous effacez le signe d'en haut, les masses se demandent de quel droit vous prétendez leur imposer des devoirs ; ce que vous appelez loi, elles l'appellent contrainte. Ce que vous nommez l'ordre, elles le nomment la nécessité ; que les circonstances se modifient, que la force change de camp ; vous verrez ce qu'il en coûte à un pays d'avoir laissé saper tous les fondements de la moralité humaine.

Loi sans législateur, obligation sans raison d'être, tel est le point de départ de la morale indépendante. Les ordres qu'elle présente ne sont point signés ; ce n'est pas tout, ils ne portent point d'adresse et n'ont point de destination.

A qui, en effet, pourraient-ils être transmis, si ce n'est à un sujet capable de les recevoir ? Pour cela, il faut que ce sujet soit libre, il faut qu'il soit responsable. La liberté de l'homme, sa responsabilité : voilà des dogmes, et la morale indépendante n'en connaît pas. Bien plus, ses principaux partisans ne croient ni à l'une, ni à l'autre et se déclarent franchement *fatalistes*. Eussent-ils donc réussi à démontrer l'obligation, elle resterait en l'air et ne trouverait aucun point d'application dans l'humanité.

Aussi quel n'est pas notre embarras, lorsque d'une part, on nous commande d'avoir une morale, et que de l'autre, on nous défend de la faire reposer sur aucune croyance? J'ai beau essayer de me regarder comme obligé ; aussitôt, en moi-même, une question impérieuse et inévitable s'élève : Par qui obligé et en quoi?

Par qui? On ne me permet pas d'y penser? En quoi? Je n'ai point apparemment besoin de le savoir; car j'ignore même si je suis l'arbitre de mes actes et si je devrai jamais en rendre aucun compte. Sur tous ces points si graves, silence profond, refus obstiné de donner aucun éclaircissement raisonnable.

Par suite, ces ordres sans signature, sans adresse sont encore rédigés dans une forme pleine d'incertitude et qui laisse toutes choses dans le doute.

A consulter le simple bon sens, nul ne peut être obligé sans savoir dans quelle mesure et, à peu près du moins, sous quelle peine. Quelle sera la gravité de l'infraction ? A quelles conséquences s'expose celui qui transgresse la loi ? Ce sont là des données élémentaires, qu'aucune législation n'a jamais refusé de fournir. Elles sont nécessaires pour apprécier le précepte et son importance, la culpabilité de celui qui le viole et le mérite de ceux qui l'observent.

Mais les apôtres de cette nouvelle morale qu'on nous prêche, la déclarent pleinement désintéressée dans toutes ces questions. Parler de la sanction de la loi, ce serait faire du dogme, et ils n'en veulent à aucun prix. Dire à quel châtiment expose la violation du commandement naturel, ce serait entrer dans le domaine de la théologie, et cette seule pensée les épouvante. Il faudra donc nous résoudre à tout ignorer. Rien sur la gravité de l'obligation, ni sur la nature de la faute. Rien sur l'auteur du précepte, ni sur l'origine de son droit à régler nos actes. Rien sur le caractère de ces actes eux-mêmes, ni sur la liberté et la responsabilité qui s'y attache. Somme toute, un fait psychologique, amoindri, dépouillé de tout ce qui pourrait l'éclaircir, avec défense de remonter à son principe, avec impossibilité absolue d'en calculer la portée, voilà tout ce qu'on nous laisse ; et c'est à quoi vient aboutir la morale indépendante.

Ainsi réduite, que pourra-t-elle être, sinon un fantôme dont l'existence n'est pas prise au sérieux et sur lequel il suffira de souffler pour le faire évanouir ?

A quoi doit-on s'attendre, sinon à la voir foulée aux pieds et méprisée par l'homme ? De défaite en défaite elle le conduira jusqu'à un dernier champ de bataille, où il perdra ce qui lui restait d'honneur, où ses dernières espérances seront compromises. Là, comme à Philippes, vous entendrez retentir le cri du scepticisme et du désespoir : *Vertu, tu n'es qu'un nom ;* après quoi il ne reste plus qu'à mourir si on ne veut pas survivre à sa honte. Ah! ne dites pas que c'est la morale que vous affranchissez du dogme; mais dites-bien plutôt que c'est l'homme que vous affranchissez de toute dignité et de toute morale.

Et tel est le système fatal auquel on voudrait immoler notre doctrine. Et comme si c'était peu de la sacrifier, on cherche auparavant à la déshonorer, à la flétrir.

« L'ascétisme chrétien, nous dit-on, conçut le bien sous sa forme la plus mesquine. Le bien fut pour lui la réalisation de la volonté d'un être supérieur, une sorte de sujétion humiliante pour la dignité humaine » (1).

Ainsi, Messieurs, ce qu'il y a au monde de plus grand, je veux dire une intelligence libre gouvernée par l'autorité libre du Dieu infini; ce magnifique idéal proposé à tous par le Christ quand il dit : *Soyez parfaits comme votre Père céleste est parfait* (2); cet admirable spectacle, signalé par saint Paul, de l'homme juste fixant l'attention du ciel et de la création tout entière (3); tout cela n'obtient que le mépris de nos nouveaux maîtres. Comprendre ainsi la vertu, il leur semble que ce soit l'amoindrir; et pour eux, ils préfèrent se laisser guider par je ne sais quelle impression incapable de se définir elle-même.

Apparemment c'étaient des hommes à vue étroite que ces héros du christianisme, qui sont en même temps les héros de l'humanité. Ils auraient grandi, si au lieu d'adorer le Créateur, ils ne s'étaient courbés que devant leur propre esprit; et si au lieu de chercher leur modèle dans la suprême

(1) M. Renan, *Liberté de penser*. T. IV, p. 136.
(2) Estote perfecti sicut et Pater vester cœlestis perfectus est. (Matt. v, 48.)
(3) Spectaculum facti sumus Deo et angelis et hominibus. (I. Cor. iv, 9.)

perfection, ils n'avaient pris pour mesure que leur propre pensée. O sophistes, jusqu'où poussez-vous le dédain de vos lecteurs; et pour compter qu'on vous croira, à quel niveau osez-vous porter la stupidité humaine?

Ce n'est pas tout. Non-seulement l'idée d'où nous partons est mesquine, mais encore nous n'enseignons qu'*une morale d'égoïsme*, qui repose sur la même base que celle des matérialistes et des athées. Qu'est-ce, en effet, que ceux-ci disent à l'homme : Fais bien, car c'est ton intérêt dans cette vie. Et la théologie que dit-elle? Fais bien, car c'est ton intérêt dans un autre monde. La parité n'est-elle pas manifeste (1) et le mobile proposé n'est-il pas semblable? On en conclut que le seul moyen de former des hommes, c'est de répondre à l'enfant qui demande ce que c'est que Dieu : « Je n'en sais rien » (2).

Il était réservé à notre siècle de formuler contre le christianisme un si absurde reproche. Quand Jacob servit quatorze ans pour voir ses vœux comblés, et posséder enfin cette Rachel après laquelle son cœur soupirait, qui eût osé méconnaître l'élévation de ses sentiments et l'accuser de descendre à des intentions mercenaires? Nous autres, ce n'est pas quatorze ans, c'est toute notre vie que nous servons, pour conquérir l'ineffable beauté qui nous a ravis; encore n'avons-nous la prétention de la voir que lorsque la mort aura déchiré tous les voiles; et l'on accuse nos désirs d'être intéressés, et l'on nous représente comme des égoïstes, qui travaillent pour un salaire !

Egoïstes, ces Belzunce, ces Vincent de Paul, éternels

_____

(1) M. Littré, *Paroles de phil. posit.*, p. 31.
(2) Le *Monde maçonnique*. Août 1867.

modèles du dévouement et de la charité ; c'est sans doute
pour cela que plusieurs insultent leur mémoire et que certaines municipalités voulaient faire disparaître leurs statues !
Egoïste, ce Polyeucte, que vous applaudissez pourtant sur
la scène, quand on lui crie qu'il court à la mort et qu'il
répond : Je vais à la vie ! Égoïstes, ces frères de nos
écoles, à l'héroïsme desquels vous étiez forcés de rendre hommage quand ils relevaient nos blessés sous le feu ennemi !
Égoïstes, ces filles de la charité pour qui l'hôpital est un autre
champ de bataille, ces servantes des pauvres qui n'ont voulu
épouser ici-bas que les douleurs de leurs frères. Partout
où vous verrez ce que nous appelons un dévouement, vous
le regarderez en face, et s'il a seulement un œil tourné vers
la vie future, vous vous en éloignerez avec dédain en disant : Celui-ci n'a qu'un esprit mercenaire, car il travaille
pour l'éternité.

Messieurs, ceux qui parlent ainsi ne connaissent pas
l'homme.

Si élevée que soit la morale, elle ne saurait arracher du
cœur humain l'indomptable avidité qu'il apporte à la poursuite du bonheur. Ce n'est point en combattant cette tendance, c'est en s'en faisant une alliée, qu'elle obtiendra de
nous les actes généreux et même les actes héroïques.

Voyez la loi chrétienne. Est-il une philosophie ou une religion qui ait jamais demandé à l'homme des sacrifices appro-
chant de ceux qu'elle exige ? Parfois ce sont nos biens, parfois c'est notre repos ou même notre vie qu'il faut savoir
abandonner ; elle va plus loin encore et nous commande
de fouler aux pieds l'opinion, de ne pas tenir compte de ce
qu'on appelle l'honneur, dans le langage faux qu'a inventé

le monde. Impossible de pousser l'homme plus avant dans la voie du renoncement personnel et de l'abnégation absolue.

Cependant lorsqu'un des plus doctes et des plus pieux prélats de notre France en vint à dire qu'une âme, enivrée de l'amour divin, pouvait se soutenir constamment à des hauteurs d'où elle n'abaissait plus un regard sur elle-même, ni sur ses propres intérêts ; l'Église l'arrêta dans l'exagération naïve de sa pensée. Elle lui rappela que l'espérance est aussi une vertu dont personne ne doit se tenir exempt, et qu'aspirer à jouir de Dieu est une manière de l'aimer que lui-même il nous commande. L'humble Fénelon se soumit sans peine, parce que sa belle âme ne s'était égarée que par une charité excessive ; il reconnut le point d'appui nécessaire que la doctrine, même la plus sublime, doit toujours trouver dans l'amour légitime que l'homme se porte à lui-même.

Quelle force, en effet, Messieurs, dans cette loi évangélique, lorsque se présentant à chacun de nous, elle est en état de lui dire : Il est vrai, je te demande beaucoup. Pour entrer dans la voie de mes commandements, il te faut passer par la porte étroite de l'abnégation et du renoncement ; pour y marcher, il te faudra porter la croix, car le royaume des cieux souffre violence et il n'y a que les hommes courageux qui puissent le conquérir. Mais, patience ; j'ai de quoi te dédommager de tes efforts, de quoi compenser surabondamment tous tes sacrifices. Si le travail t'effraie, que la récompense t'excite, et quand tu porteras le poids du jour et de la chaleur, songe à la rémunération qui t'attend à la fin de ta laborieuse journée.

Avec ce langage, il n'est rien que le Christ n'ait obtenu,

rien qu'il n'obtienne de nouveau tous les jours. Si haut qu'il porte ses exigences, le courage inspiré par lui s'élèvera plus haut encore.

Mais cette morale dont vous parlez, qu'aura-t-elle à nous promettre, quand elle viendra nous demander les immolations du devoir? Ecoutez, Messieurs, le cri qui échappe à ses partisans, proclamant les idées qu'elle leur suggère, dans un trop célèbre manifeste : « Pour nous, disent-ils, nous n'attendons plus notre félicité d'aucun Dieu, mais seulement de nous-mêmes (1). »

Ceux qui parlent ainsi seront-ils disposés à s'oublier? Les verra-t-on sacrifier leurs intérêts à l'amour platonique de cette vertu, dont ils ne savent pas même établir l'obligation ni la grandeur. Je cherche les créations de la morale indépendante. Montrez-moi les hôpitaux qu'elle a ouverts, les institutions fécondes qu'elle a fondées, les dévouements sérieux qu'elle suscite, les vies qu'elle arrache au bien-être, au plaisir, pour les mettre au service de toutes les souffrances.

A la place de ces sacrifices, ne trouverez-vous pas, au contraire, la soif insatiable de jouir, le besoin de chercher par soi-même une fortune, un bonheur qu'on n'espère plus d'aucune action providentielle? Quand vous aurez vu ces hommes à l'œuvre, Messieurs, j'ai bien peur que vous ne disiez avec un écrivain : En vérité, rien n'est plus intéressé, que leur prétendue vertu désintéressée.

____

(1) Manifeste de l'Internationale.

II.

Parmi ceux qui veulent exclure complètement l'idée
de Dieu de nos obligations, je trouve qu'une scission s'opère
et que les opinions divergent. Les uns, en effet, prétendent
encore conserver une morale universelle dans l'humanité ;
les autres, au contraire, soutiennent que la morale n'a rien
d'absolu, qu'elle change avec les pays, avec les climats,
qu'elle se diversifie selon les temps et les circonstances.

Écoutons d'abord ceux qui appartiennent à cette dernière
école. Après avoir affirmé le caractère exclusivement relatif
de toutes les conceptions humaines, ils ne craignent point
d'appliquer cette règle à l'idée du bien ; ils nous disent que,
comme tout le reste, la morale varie, qu'il y en a *une pour
chaque siècle, chaque race, chaque ciel* (1). C'est donc affaire
de perspective et question de point de vue.

Qui ne sait que des actes sévèrement réprimés dans un
pays sont loués et approuvés dans un autre ? L'homicide est
un crime ; mais les sauvages qui tuent leurs vieux parents
pour les empêcher de souffrir, estiment qu'ils font un acte
de vertu. Le vol est un mal ; mais les Spartiates y encoura-
gaient leurs fils, pensant leur donner par là une éducation
libérale. Tandis que chez un peuple, l'unité du mariage est
sacrée, son voisin ou lui-même peut-être, à un autre moment, réclamera hautement la loi du divorce et pratiquera
la polygamie. Vous le voyez bien, nous disent-ils, rien de
fixe, rien d'immuable ; les idées morales n'ont point de

(1) M. Taine, *Revue des Deux-Mondes*, 15 octobre 1862.

privilége et on y trouve la même variabilité que dans toutes les autres (1).

Ainsi, Messieurs, loi naturelle, justice, devoir, tout est soumis au caprice, tout ne fait que refléter les préoccupations et les préjugés de chaque époque. De là, à effacer la distinction réelle entre le bien et le mal, il n'y a plus qu'un pas ; et ce pas sera immédiatement franchi. On nous apprend que le vrai n'est pas dans les doctrines, ni le bien dans les actes ; c'est *chacun de nous* qui *fait la sainteté de ce qu'il croit et la beauté de ce qu'il aime* (2).

N'allez pas vous imaginer que la même mesure convienne à tous : *Une belle parole vaut une belle action, et une vie de science vaut une vie de vertus* (3).

Tout le monde connaît cette théorie des *nuances*, qui arrive à justifier le mensonge comme un degré un peu inférieur de la sincérité, qui fait de la vérité une forme plus ou moins avancée de l'erreur, en sorte qu'il ne faut point s'étonner qu'un philosophe use plusieurs doctrines dans sa vie.

On va plus loin, Messieurs ; on fait l'aphothéose des instincts faibles et *féminins* de la nature humaine ; on prétend trouver le divin dans les jouissances qu'ils procurent ; et par amour du beau, on se fait un devoir d'être timide dans les jugements qui concernent la morale (4).

Du reste, à quoi bon se montrer sévère envers l'homme, si la direction imprimée à sa vie ne vient pas de lui-même ?

De nos jours, une explication ingénieuse a été inventée,

(1) Cf. M. Littré, *Conversation et positivisme*, p. 10.
(2) M. Renan, *Revue des Deux-Mondes*, octobre 1862, p. 938.
(3) Id. Ibid., janvier 1860, p. 334.
(4) Cf. M. Renan, *Études d'hist. relig.*, p. 429.

qui se fait fort de rendre raison de toutes nos actions, sans que nous y entrions, en quelque sorte, pour rien. Elle s'intitule la théorie *des milieux* ; et bien qu'elle soit tout à fait générale, c'est à l'homme en particulier qu'on l'applique, jusqu'à lui demander le secret de nos destinées et la clef de l'histoire.

Vous aviez cru que, dans l'ordre moral, chacun était ce qu'il se fait par sa propre volonté. Erreur, Messieurs ; il est uniquement ce que le font les circonstances où il se trouve immergé, et le monde, qui de toute part l'enserre, l'enveloppe. Tout déteint sur lui, de même que lui, à son tour, déteint sur toutes choses. Notre vie est *la résultante du système de forces qui agit sur elle.* Aussi va-t-on jusqu'à dire avec Spinosa : Les mouvements de l'automate spirituel, qui est notre être, sont aussi réglés que ceux du monde matériel où il est compris. L'homme est un théorème qui marche ; l'histoire, une hiérarchie de nécessités ; un siècle, une définition qui se développe (1). Un autre ajoute que tous ces développements sont déterminés par les conditions de la nature cérébrale de l'homme (2).

Mais si tout, dans notre vie, n'est que déduction mathématique et corollaire rigoureux, quelle part faites-vous donc à la liberté ? Aucune, Messieurs, par une raison péremptoire, c'est que la liberté n'existe pas. « On ne saurait assigner de différence entre le philosophe qui étudie l'âme et le naturaliste qui analyse une fleur ; tous deux ramassent des faits pour trouver des lois, afin de voir partout *la nécessité maîtresse de la fortune* (3) ». Était-il possible de formuler en termes plus

(1) M. Taine, *Philosophes français*, p. 358.
(2) M. Littré, *Parole de philosophie positive*, p. 18.
(3) M. Taine, *Études sur Tite-Live*, p. 119.

précis cette radicale négation du libre arbitre, qu'on a flétrie de tout temps sous le nom de *fatalisme?*

Et la conscience, comment la sauver au milieu de ce naufrage universel? Ne cherchez pas en elle un tribunal sacré, constitué par l'auteur même de la nature; ce n'est qu'un mécanisme très-simple, que l'analyse démonte comme un ressort (1).

J'ose à peine énoncer devant cet auditoire, les conclusions que les mêmes écrivains tirent de semblables prémisses. A défaut d'autre mérite, elles ont du moins celui d'être franches jusqu'au cynisme, logiques jusqu'à la destruction de tout sens moral.

Les formes vivantes, nous disent-ils, ont pour instruments les lois physiques. La matière organique a pour éléments les substances minérales; de même, la raison et la vertu humaine ont pour matériaux les instincts et les images animales. Quoi d'étonnant s'il y a parfois défaillance, décomposition, soit dans la matière organique, soit dans la forme vivante, soit aussi dans la raison et dans la vertu humaine? Toutes reçoivent de leur nature des lois indestructibles qui les contraignent. Qui est-ce qui s'indignera contre la géométrie? Surtout qui est-ce qui s'indignera contre la géométrie vivante (2).

Est-ce assez clair? Comprenez-vous cette nécessité mathématique, qui va devenir l'apologie de tous les scélérats? Vous ne faites pas un crime à un homme d'être né boîteux ou aveugle; ces infirmités ne sont en lui que des défaillances de la nature, auxquelles la volonté n'a aucune part.

(1) M. Taine, *Philos. franç.*, p. 276.
(2) M. Taine, *Revue des Deux-Mondes*, 15 octobre 1862, p. 948.

Pourquoi reprocher à celui-ci d'être voleur, à celui-là
d'être homicide? Ce sont des défaillances du même genre
et, quoique dans un autre ordre, elles ne sont pas moins
inévitables.

D'ailleurs, pourquoi vous en tenir toujours à vos vieux
principes? La plante humaine peut se développer autrement
que dans vos compartiments resserrés et d'après le modèle
de floraison visé par vous. Nos formulaires de morale et
nos catéchismes ne sont que des formes de convention. Il
y a un monde et une civilisation en dehors de notre civilisation et de notre monde. Il serait donc bien temps de laisser là ces règles étroites et cette pédanterie tyrannique (1).

Voilà où nous en sommes, Messieurs. Tombée aux mains
des sophistes, la morale humaine a eu le sort du temple
de Jérusalem, au moment où l'armée de Titus entrait dans la
ville sainte. La flamme a tout détruit, et de cette vaste construction il n'est pas resté pierre sur pierre : *non relinquent
in te lapidem super lapidem.*

Il était beau pourtant, il était majestueux et admirable le
monument élevé par le Christ. Les prôneurs de la morale
indépendante ont commencé par lui enlever ses fondations,
prétendant que sans elles il se soutiendrait également dans
les airs; puis voyant ses murs ébranlés, s'apercevant que
tout allait bientôt crouler à la fois, eux-mêmes ont pris les
devants, à coups redoublés, ils ont abattu, l'une après l'autre, chacune des colonnes qui portaient l'édifice. Rien n'est
resté debout et de la maison tout entière il s'est fait une
grande ruine. « Puisqu'aujourd'hui c'est l'idée de vertu qui

(1) Id. Ibid. p. 341.

nous divise, s'écrie un de ces écrivains, supprimons la vertu et partant toute morale (1). »

Cependant tous ne professent pas ce radicalisme démolisseur. Voici d'autres docteurs qui viennent à nous avec un air candide, avec une attitude presque dévote et un langage où semble respirer uniquement la préoccupation de l'intérêt général. Vous vous faites illusion, nous disent-ils, et sur la situation présente, et sur nos intentions véritables. De quoi s'agit-il en réalité? De préserver du naufrage ce qu'il y a de plus essentiel à la dignité humaine aussi bien qu'à la paix publique. La morale est perdue, si elle reste enchaînée à la religion, car celle-ci, quoi qu'on en dise, est fatalement destinée à périr. Les croyances s'en vont; de jour en jour la foi diminue.

Allez au plus nécessaire, dégagez la conscience d'une alliance compromettante et d'une solidarité pernicieuse. Qu'importe, après tout, que l'homme, par sa naissance ou par un choix volontaire, appartienne à telle secte, à telle communion, à telle église? Sera-t-il jamais dispensé d'être équitable dans les contrats, honnête, fidèle vis-à-vis des autres; ne devra-t-il pas avoir pour sa famille, pour son pays, le dévouement commandé à tous, en un mot, être l'homme du devoir, quelle que soit d'ailleurs sa confession religieuse?

Séparez donc d'une cause vouée à un échec certain celle qui doit triompher, en toute hypothèse; et puisque le progrès des esprits vous défend d'espérer une résurrection chrétienne, veillez du moins à sauver les mœurs.

Sauver les mœurs sans le Christ, sans aucune religion,

(1) Houchet, *Monde maçonnique*, 1867, p. 569.

que dis-je, en achevant de détruire dans les âmes ce qui y
reste encore de piété et de foi, est-ce bien là, Messieurs, ce
qu'on ose sérieusement entreprendre?

Tout ce qu'il y a de justice, de loyauté parmi nous, tient
encore, soyez-en sûrs, à l'influence plus ou moins directe
qu'exerce le christianisme. Les croyances n'agissent pas
immédiatement sur tous; tous néanmoins en ressentent le
contre-coup et sont, pour ainsi dire, enveloppés dans l'at-
mosphère qui en émane. Nous avons beau être incrédules,
l'air que nous respirons renferme des parcelles de foi et tient
en dissolution des idées, des appréciations qui viennent de
l'Évangile. Bon gré, mal gré tous ces éléments contribuent
à former notre tempérament moral. L'opinion, si frondeuse
ou si hostile, ne s'est point entièrement sevrée de ses anciennes sympathies; et souvent, sans s'en douter, elle est
encore à demi chrétienne. L'honneur a été baptisé et il s'en
souvient; le désintéressement, la bienfaisance et tous les
autres sentiments élevés sont autant d'importations entrées
dans l'humanité avec notre Christ.

Si donc vous venez tout à coup à supprimer le foyer d'où
rayonne cette chaleur salutaire, vous ne tarderez pas à voir
disparaître tout ce qu'elle entretenait et ravivait dans nos
sociétés. L'ordre moral s'effondrera infailliblement, le jour où
la religion ne sera plus là pour le soutenir.

Ceux qui en doutent, qu'ils consultent l'histoire. Ils
verront que les races humaines ont toujours descendu, dans
la mesure où la notion de Dieu se corrompait chez elles;
ils verront que l'altération des croyances religieuses a toujours coïncidé avec une effrayante démoralisation.

Cependant, je l'avoue, il est une expérience qui n'est pas pas encore faite, et c'est précisément celle que veulent tenter sur nous les partisans des négations contemporaines. Il s'agit de connaître le degré de dépravation auquel devront fatalement arriver des populations plongées dans l'athéisme.

Je dis que l'expérience n'est pas faite. Car aux plus mauvais jours de l'idolâtrie et au milieu même des excès du fétichisme le plus grossier, un certain souvenir de la divinité subsiste, idée bienfaisante qui plane au-dessus de l'abîme, comme pour empêcher la conscience humaine d'y sombrer entièrement. On nous parle des civilisations anciennes. Tant qu'elles ont pu conserver un semblant d'ordre matériel, c'est qu'elles étaient encore religieuses à leur manière. Interrogez l'orateur romain, peu suspect d'exagérer l'influence d'un culte auquel il ne croit pas ; il vous dira que si vous ébranlez le respect de la divinité, ce n'est plus seulement la justice, la bonne foi, mais la société humaine tout entière qui sera détruite (1). Et la raison qu'il en donne, c'est que la première société de l'homme est avec Dieu, que là est la racine de tous les droits, l'origine de tous les devoirs (1). Ainsi ont pensé Platon, Confucius, tous les philosophes, tous les législateurs de l'antiquité.

Voulez-vous un témoin plus ancien que ceux-là et non moins irrécusable ? En voici un qui raconte ce qu'il a vu, et nous apporte, à travers les siècles, l'écho à peine affaibli des

______

(1) Atque haud scio an pietate adversus deos sublata, fides etiam et societas generis humani atque excellentissima virtus justitia tollatur (Cic., *de Nat. deor.* l. I, c. 7).

(1) Est igitur..., prima hominis cum Deo rationis societas, etc. (Cic., *de Leg.*, l. I, c. 9).

vieilles doctrines de l'Egypte. Cette civilisation des premiers temps, dont la trace reste si fortement imprimée dans
l'histoire, sur quels principes était-elle appuyée? Demandez-le à l'oracle toujours subsistant du désert. Faites parler
cette grande pyramide, qui porte jusqu'au ciel non pas, comme
on l'avait cru jusqu'ici, le seul renom d'un mort, mais bien la
pensée commune de ces générations, leur science, leur philosophie et surtout l'abrégé de leur foi religieuse. Ceux qui
savent lire ces pages de pierre, nous assurent qu'on y trouve
en termes explicites la croyance à Dieu, à l'immortalité de
l'âme, au jugement à venir. Voilà, Messieurs, le symbole
d'une civilisation qui dure. Que nos rêveurs essayent d'en
faire autant; qu'ils élèvent, à leur tour, la pyramide d'une
morale sans Dieu, faisant vivre des empires, donnant aux
populations une forme qui résiste aux coups du temps sans
dogmes et sans culte. Le jour où ils voudront y mettre la
main, ils ne construiront rien qu'une Babel, monument de
honte, de discorde, de séparation éternelle.

Voyez ce que devient la morale publique, quand elle
n'est plus gardée par le dogme chrétien.

Nous avons entendu soutenir avec fracas cette thèse paradoxale, que l'homme individuel est toujours innocent;
qu'il n'y a, en réalité, qu'un seul coupable, et que ce coupable, c'est l'ordre social. Oui, Messieurs, la hiérarchie
humaine, les conditions essentielles de paix, de sécurité,
d'harmonie privée et publique, voilà ce qu'on dénonce,
voilà ce qu'on accuse; c'est à tout cet ensemble de choses,
consacré par le genre humain depuis l'origine, qu'on déclare en ce moment une guerre ouverte.

Et cette guerre ne date pas d'hier. On a pu en recon

naître le signal dans la notoriété tapageuse de romans à grand effet, de pamphlets à grand scandale. Déjà depuis longtemps une littérature vénale flattait les instincts socialistes, en dirigeant toutes ses batteries contre les plus augustes institutions. Ses héros, c'était dans la fange ou dans le sang qu'elle allait les chercher ; l'objet de ses attaques ou de ses mépris, c'était l'Église ou c'était la famille. A un siècle blasé comme le nôtre, le besoin d'émotions fait tout accepter, le sens s'émousse, l'esprit public se pervertit ; et tandis que les étrangers, nous jugeant d'après notre théâtre, concluent qu'il n'y a plus chez nous ni mœurs, ni foyer, les bons eux-mêmes n'ont plus cette vertu vulgaire de l'indignation, parce que l'habitude les a familiarisés avec le mal et que parfois peut-être ils s'en amusent.

Oui, Messieurs, nous nous amusons, et pendant ce temps les foules fanatisées s'imaginent que pour elles il n'y a plus qu'un ennemi ; cet ennemi dont il faut se défaire, c'est la société elle-même.

De là ces haines farouches : de là ces efforts pour noyer dans le sang ceux qui représentent l'ordre social et avant tout les ministres de cette religion, sur laquelle on sent instinctivement que toute paix et toute harmonie reposent ?

Que voulez-vous ? Les sophistes ont persuadé aux multitudes qu'elles sont dispensées d'avoir raison et qu'elles peuvent mettre leur volonté à la place de la loi ? Et de fait, une fois qu'on a rejeté loin de soi l'autorité divine et la pensée religieuse, la seule loi qui puisse encore être reconnue, n'est-ce pas la volonté aveugle, passionnée des masses populaires ? Point d'autre évangile que l'opinion ; et comme l'opinion elle-même est souvent l'œuvre de l'intrigue, le monde est à la merci d'une poignée de factieux, dont l'audace et l'ambition décideront de ses destinées.

Messieurs, nous l'oublions trop, aucune société ne peut vivre, si elle n'est en possession d'un capital de vérités indiscutables, auquel il est absolument interdit de toucher. C'est là son fonds de réserve et comme l'hypothèque morale qu'elle offre aux étrangers, comme à ses propres membres. Si jamais il arrive que ce capital soit entamé, qu'il soit compromis, il en sera d'elle comme d'un établissement financier qui a perdu son équilibre et dévoré sans profit l'apport de ses actionnaires ; le moment cruel approche où il ne lui reste plus qu'à déposer son bilan et à subir la honte d'une liquidation désastreuse.

Eh bien! N'en doutez pas, la croyance à Dieu, à l'âme, à la vie future, appartient à ce fonds commun sur lequel nous vivons. Ce sont les vérités premières, principales, sur lesquelles toute législation est assise, et qui seules forment la garantie de la paix comme de la moralité publique.

Vous représentez-vous suffisamment ce que serait notre pays, lorsque l'école neutre et la morale indépendante y auraient fait leur œuvre pendant quelques années? Si la France osait alors se regarder elle-même, en vérité, pourrait-elle bien encore se reconnaître? Dans ses idées quelle anarchie! Dans sa conscience quelle vide! Dans son sein quelle absence totale de principe d'unité et d'éléments de vie! comme un corps, dévoré par un mal secret, chez qui la gangrène gagne de proche en proche et annonce une inévitable destruction. Tout motif d'être vertueux ayant disparu, le glaive seul devrait désormais décider.

C'est alors, Messieurs, qu'il serait vrai de dire non plus que le droit prime la force, car ce mot, tout brutal qu'il est, suppose encore une lutte et une concurrence ; mais que la force elle-même est le droit, puisqu'il serait absolument impossible d'en assigner un autre. Le capital social ayant été dévoré, on devrait s'attendre à tous les malheurs ; le dénoûment ne pourrait être qu'un horrible effondrement, suivi peut-être d'une dissolution plus horrible encore.

Hâtons-nous d'écarter ces lugubres idées. Mais si vous voulez aussi éloigner le périls qu'ils signalent, gardez-vous de confier vos enfants à l'école neutre et l'avenir du pays à la morale indépendante. C'est à la religion, c'est au Christ encore qu'il nous faut revenir. Aussi bien, vous le voyez, la force des choses nous y ramène sans cesse et par toutes les routes que nous pouvons suivre.

Qu'il soit donc notre point d'arrivée, comme il a été notre point de départ, qu'il soit ici notre dernière parole comme il a été le premier mot de ces conférences.

Je suis monté dans cette chaire en faisant profession de ne connaître qu'une seule chose, à savoir le Christ Jésus : *Non enim judicavi me scire aliquid inter vos, nisi Jesum Christum* (1). Seul, il a fait l'objet de nos discours ; seul aussi, je dois le dire, il a réussi à attirer votre concours et à fixer votre attention. Laissez-moi, Messieurs, non point vous en remercier pour moi-même qui ne suis rien, mais bien plutôt m'en féliciter avec vous pour la cause si grande dont il s'agit, pour la personnalité si auguste devant laquelle toute autre s'efface.

(1) I Cor. ii, 2.

C'est dans ce but, Monseigneur, que vous avez suscité sur mes lèvres la parole, et que vous n'avez point cessé de l'y encourager par vos sympathies et par votre bienveillante présence.

Personne n'ignore le grand projet que vous portez, en ce moment, dans votre cœur pastoral. Sur une de ces collines qui dominent Paris, vous voulez ériger le monument de l'expiation, dresser le témoignage immortel de la France pénitente, corrigée par ses malheurs et revenue au Dieu de ses pères. Et vous, Messieurs, vous vous êtes associés à l'entreprise et chacun apporte sa pierre à la construction du nouvel édifice.

Mais ici, en même temps, nous cherchons à en bâtir un autre, dont le premier est le symbole, et auquel les mêmes mains, les mêmes dévouements devront concourir. Plaise à Dieu que, fidèle architecte, j'en aie esquissé à grands traits le dessein et indiqué la première idée ! Le moment de l'exécution est venu ! A vous maintenant de saisir d'une main ferme l'instrument du travail ; à vous de relever le temple moral que tant d'attaques successives étaient parvenues à abattre.

Les fondations en seront prises dans la roche vive des principes chrétiens, auxquels nous ramènerons peu à peu et la société et la famille. Les murailles vivantes seront alignées au cordeau de la justice, et construites d'après le large plan tracé dans l'Evangile. Au fronton nous inscrirons le nom du Christ ; dans l'enceinte tout entière nous ferons circuler son action et la réalité de sa vie. L'œuvre bénie du ciel sera indestructible et sa durée, nous l'espérons, ne craindra point des ravages du temps. Elle portera dans l'histoire de notre France un nom fameux ; ce sera l'*anastasie* nouvelle, le temple immortel de notre résurrection.

(Reproduction intégrale interdite sans autorisation des éditeurs.)

PARIS. — E. DE SOYE ET FILS, IMPR., 5, PL. DU PANTHÉON.

POUR PARAITRE LE 15 JANVIER 1873.

ÉTUDES BIBLIQUES
Par M. L'ABBÉ LEHIR

JOB
CANTIQUE DE DÉBORA

TRADUCTION ET COMMENTAIRE

DU RHYTHME CHEZ LES HÉBREUX

PRÉCÉDÉ D'UNE INTRODUCTION

Par M. l'abbé GRANDVAUX
Directeur au séminaire de St-Sulpice.

1 beau volume in-8°........................ ...... 6 fr.

Nous sommes heureux d'annoncer aux amis de la religion, de la science biblique et de la belle littérature, un volume du plus haut intérêt.

Il n'est pas en effet un seul élève de M. LEHIR qui ignore que l'œuvre de prédilection de cette vaste et vigoureuse intelligence était son commentaire et sa traduction du LIVRE DE JOB. C'est la partie principale du livre que nous imprimons, lequel commence la série des œuvres inédites de l'illustre professeur.

M. LEHIR n'ayant rien préparé en vue d'une publication prochaine, M. l'abbé GRANDVAUX, le savant éditeur de ses œuvres et de ses pensées, a suppléé aux lacunes par une longue introduction qui remplit largement les vides laissés par l'auteur.

En vente chez **JOUBY & ROGER**, éditeurs,
7, RUE DES GRANDS-AUGUSTINS, A PARIS.

COMMENTAIRE

DU

CATÉCHISME DE PARIS

PRÉPARATOIRE A LA PREMIÈRE COMMUNION

Par M. l'abbé GAYRARD,

Curé de Saint-Louis d'Antin.

AVEC APPROBATION DE L'AUTORITÉ ECCLÉSIASTIQUE

Un volume in-12 de 500 pages.

C'est au moment de l'ouverture des catéchismes de semaine que paraîtra le livre que nous annonçons.

A l'aide de ce **COMMENTAIRE**, composé par M. l'abbé Gayrard, pour répondre aux instances de beaucoup de ceux qui font usage de son précieux opuscule intitulé : *Guide pour l'explication littérale et sommaire du Catéchisme*, le travail des analyses sera désormais sans difficulté pour les enfants, la répétition des instructions deviendra très-aisée pour les maîtres et la préparation de ces instructions sera très-abrégée pour MM. les ecclésiastiques.

En donnant à ce volume une approbation dont elle n'est pas prodigue, l'autorité diocésaine témoigne assez de la valeur de l'œuvre pour que nous soyons dispensés d'en faire valoir le mérite.

PARIS. — E. DE SOYE ET FILS, IMPR., 5, PL. DU PANTHÉON.